# 产教融合

## 中国职业教育发展的关键路径

王云雷 著

团结出版社

# 图书在版编目（ＣＩＰ）数据

产教融合：中国职业教育发展的关键路径 / 王云雷著. --
北京 : 团结出版社，2020.6
ISBN 978-7-5126-7904-7

Ⅰ．①产… Ⅱ．①王… Ⅲ．①职业教育－产学合作－研究－中国
Ⅳ．①G719.2

中国版本图书馆 CIP 数据核字(2020)第 077603 号

---

出 版：团结出版社
　　　　（北京市东城区东皇城根南街 84 号　邮编：100006）
电 话：（010）65228880　65244790 （出版社）
　　　　（010）65238766　85113874　65133603（发行部）
　　　　（010）65133603（邮购）
网 址：http://www.tjpress.com
E-mail：zb65244790@vip.163.com
　　　　fx65133603@163.com（发行部邮购）
经 销：全国新华书店
印 装：三河市兴国印务有限公司

---

开 本：170mm×240mm　　　16 开
印 张：13.5
字 数：169 千字
版 次：2020 年 6 月　第 1 版
印 次：2020 年 6 月　第 1 次印刷

---

书 号：978-7-5126-7904-7
定 价：48.00 元

职业教育是一种独立的教育类型，有助于我国社会经济结构转型升级，抓住技术型人才发展的红利，《产教融合》切中职业教育核心，抓住要点，新颖有亮点！

————全国政协常委、民建中央副主席、上海中华职教社主任　周汉民

《产教融合》集合了天坤教育十余年发展的精髓，提出一系列职业教育产教融合的新思路、新方法，这些源白实践一线的方法和内容非常值得分享。

————中国劳动学会会长、原人力资源和社会保障部常务副部长　杨志明

本书清晰地梳理了产教融合的脉络、路径和方法，并提供了实践中被验证的模式，对于深入了解产教融合，是一本不可多得的好书。

————全国政协委员、中国青年企业家协会副会长、新东方教育科技集团董事长　俞敏洪

产教融合是对职业教育的融合与重构，企业与院校的合作，将是未来职业教育发展的主路径。《产教融合》提供了丰富的实践方法和案例，值得回味。

————全国政协委员、中华职业教育社副理事长、现代教育集团董事长　苏华

在实践中如何推动产教融合，是发展职业教育最核心的问题。《产教融合》就是这样一本产教融合实践集大成之作，读懂职业教育必读《产教融合》。

————北方投资集团董事长、北方国际大学联盟理事长　杨炜长

# 推荐序

当前，中国职业教育发展迎来最好的黄金时机。2019年《国家职业教育改革实施方案》颁布，职业教育来到新的十字路口，新的政策明确提出职业教育与普通教育地位平等，职业教育将走向类型化教育的特色发展道路，职业教育对社会经济的发展促进作用进一步凸显。在新时期，我们认知职业教育的角度将不同于以往，如果用三个关键词来理解职业教育的新认知，它们分别是："跨界"、"融合"和"重构"。

第一，跨界即企业与学校的合作。职业教育的跨界就是校企合作，将职业教育人才培养的单一模式，转化为企业与学校合作，共同谋划未来，企业提供需求，学校定制化培养人才。强化职业教育以就业、服务为导向的宗旨，为个体的职业生涯服务。第二，融合就是打破社会企业、需求、就业等因素与普通教育学校之间的隔膜，将整个职业教育培养体系打通，做到校企合一，真正做到职业教育以就业为导向的中心。融合不仅仅是企业和学校之间的沟通，更多的涉及政府相关职能部门、各社会组织，促进社会办学、企业办学的发展。第三，重构就是重组职业教育利益相关者的关系构成，随着高职扩招100万人的进行，重构职业教育的价值变得愈加迫切。

职业教育在新的时代面临着新的机遇与挑战。就跨界、融合与重构的职业教育发展而言，产教融合无疑是当前职业教育关注的重点，可谓是中国职业教育改革的关键路径。《产教融合》作者王云雷是国内产教融合校企合作先行者与代表人物，早在2009年，他就提出"人力资源+职业教育"上下游协同发展的思路，这一思路将"跨界、融合和重构"在实践层面做了精彩演绎。《产教融合》一书源于实践，是天坤教育十余年发展的总结与提炼，完整地披露了天坤教育在中职实施政企 PPP 办学办学，与高职院校共建二级学院和高端中德学院等领域一系列的具体的经验和方法，探索了多层次的产教融合之路，有助于我们更好的理解职业教育的发展和实践。以文中所述的几种教育类型来看，职业教育的发展越来越呈现"因地制宜"、"一城一策"、"校企（政企）合作定制"发展的特点。我们能从此中发现，职业教育正迈向跨界、融合、重构的发展趋势中。天坤教育的产教融合实践经验，正是从各地方职业教育的实践中累积来的，从实践中来，到实践中去；尊重实践、提升实践、创新中实践、实践中创新，这正是产教融合健康持续发展的方法。正因为如此，这本《产教融合》更加难能可贵，望诸君览之而有所思。

苏　华

全国政协委员

中华职业教育社副理事长

现代教育集团董事长

2020 年 12 月 10 日于北京

# 自 序

十年，对中国人来说是一个继往开来的重要节点；十年，对中国职业教育而言是个小片段；十年，对天坤教育来讲是一个创业周期；站在十年这个点上，回首初心，展望未来，并非追求俗套，是发自肺腑的感动与激励。

依稀记得十年前建立天坤教育时，对大多数人来说，职业教育还是一个不受待见的偏门，很多人看不上、瞧不起职业教育。而对我来说，从那一刻开始，职业教育便成为我一生为之而奉献的终身事业。我出生在四川的一个山区，教师出生，深知贫困地区学子的艰辛与不易，他们常囿于经济和信息等方面的桎梏，无法深造成才给家庭带来改变。后来我到沿海地区历练，从事人力资源管理，又深切感知企业对于技能型人才的渴望，两个方面强烈的冲突，让我从那时起便对人力资源和职业教育念念不忘。后来创业进入人力资源服务领域，创办优蓝国际，我便着手研究和实践职业教育与人力资源协同发展的模式，2009 年我们便在全国开校企合作托管之先河，成功托管四川古蔺职高，天坤教育就这样成立了。

从 0 到 1 的过程总是艰辛的，但也是价值无穷的。在古蔺职高，我们差不多花了 4 年多的时间，在管理体制、学校管理、专业体系、教育教学、师资培养、实习就业等各个方面摸索、总结和提升，形成一套国有民营公助管理职业学校的方法和体系。正是依靠这套方法，古蔺职高从一所在校学生仅 800 人的小学校，发展成为拥有在籍学生 7800 人的四川省重点示范职业学校。2014 年我们将这套方法总结为"PPP 理论下的 TOT 合作办学模式"，正式设立天坤国际教育集团，2015 年我们成功托管安徽皖北经济技术学校（该校在 2017 年秋季招生中创造一天招满 4500 人的中职招生新纪录），开始在全国进行规模化拓展。时至今日，天坤教育已经发展为"中高职并举、学历和非学历并重"的大型产教融合性集团，拥有直属中等职业教育学校30余所，高等职业教育二级学院近100所，专业共建职业合作院校200余所，全日制在校生近10万人，教职工近5000人，职业培训基地近50个，每年为50余万职教学生提供专业实习就业服务。

回首这过去的十年，依托天坤人敢为人先、求真务实、开拓创新的创业精神，我们在职业教育，特别是在中职教育领域，初步形成了完整的产业链布局，打通了职前教育、实习就业和职后培训的有机链接，并开始探索职业教育+互联网的创新发展模式。这10年的发展，沉淀了天坤办职业教育的信心、毅力和经验，也激发出天坤下一个10年，争当职业教育弄潮儿的雄心与壮志。

回顾、梳理、思考和总结天坤教育在产教融合发展中的各项经验和教训，不仅是对天坤教育全体同仁十年实践的肯定，也是对未来再出发的一种激励，若能结集成册对外交流，不仅能让更多人理解天坤教育，还能激励更多人参与产教融合的大事业，这岂不是一件大好事。于是从2019年开始，我便在工作之余开始对过去的材料进行系统整理和梳理，闲暇之余做进一步的思考、提炼。《产教融合》一书借用《国家职业教育改革实施方法》的核心主题为题，尽量完整的展现天坤教育这10年的思考、实践和升级。本书没有太多的理论化着笔，也没有过多系统理论化叙述，只是力图展示我们实践的成果。本书不只是我一个人的成果，而是全体优蓝国际、天坤教育人的共同结晶，在这里我对你们表示感谢。本书得以尽快付梓，还要感谢团结出版社的编辑，他们严谨的编辑态度让人非常感动。最后要感谢周汉民、俞敏洪等教育界前辈们的鼓励和提携，在繁忙工作中拨冗作序和推荐。

囿于本人时间和能力的关系，本书中有诸多瑕疵与不足，还请各位悉心指正。

我希冀借本书的出版，天坤教育下一个十年能提档升级，再创佳绩。

天坤教育的下一个十年恰逢国家大力发展职业教育的新时代。中国经济创新转型，劳动力结构调整，教育改革进入深水区，中国制造 2025 战略出台，职业教育走向前台。特别是 2019 年初《国家职业教育改革实施方案》正式出台，职业教育改革的枪声正式打响，政策、资本、产业都将目光投向职业教育，中国职业教育正式进入百年一遇的大浪潮中，天坤教育也再一次站在下一个十年的起点，天时地利人和之际，唯有奋斗立潮头，不忘初心，方得始终。

长风破浪会有时，直挂云帆济沧海。下一个十年，天坤教育将乘政策大势，全面布局职业教育，在继续大力发展中等职业教育特色基础上，大力布局和发展高等职业教育，打造中高职贯通一体、教育培训就业一体、终身职业服务一体的全景式职业教育和职业发展模式；我们将借资本之力，通过纵向特色经营和横向并购整合，打造职业教育产教融合路由器，在结构和规模上再上高峰，立志成为中国规模最大的职业教育集团之一；我们将用技术之功，将人工智能、大数据等智能技术应用在职业教育领域，将天坤教育升级为一家教育科技型上市公司；我们还将搭乘一带一路之风，将天坤教育的旗帜插在异国他乡，让天坤教育发展成为一家国际化教育集团。

天行健，君子以自强不息；地势坤，君子以厚德载物。下一个 10 年，中国职业教育将全面进入专业化、现代化、智能化的新时代，天坤教育也将获得更大的发展舞台，我们愿与各方人士一起，为中国职业教育发展共同奋斗，共同书写新的故事篇章。

王云雷

2020 年 10 月 18 日于上海

# 目　录

# 第一章 职业教育发展方兴未艾

# 第一节 历史与改变的职业教育

## 1.历史回顾：见证职业教育七十年

习近平指出，要树立正确人才观，培育和践行社会主义核心价值观，着力提高人才培养质量，弘扬劳动光荣、技能宝贵、创造伟大的时代风尚，营造人人皆可成才、人人尽展其才的良好环境，努力培养数以亿计的高素质劳动者和技术技能人才。要牢牢把握服务发展、促进就业的办学方向，深化体制机制改革，创新各层次各类型职业教育模式，坚持产教融合、校企合作，坚持工学结合、知行合一，引导社会各界特别是行业企业积极支持职业教育，努力建设中国特色职业教育体系。要加大对农村地区、民族地区、贫困地区职业教育支持力度，努力让每个人都有人生出彩的机会。[1]中国职业教育走过 70 年，2019 年《国家职业教育改革实施方案》颁发，职业教育重回国家顶层设计的视野，大力发展职业教育，为实体经济的发展提供更多的人才。"职业教育与普通教育是两种不同教育类型，具有同等重要地位。"职业教育的地位第一次被国务院文件所确认。如今，我们已成为职业教育大国，截至 2018 年，职业教育院校达到 1.17 万多，在校人数

---

[1] 习近平：加快发展职业教育 让每个人都有人生出彩机会[EB/OL].新华网 http://news.ifeng.com/a/20140623/40857335_0.shtml.

2685 万。从数字上看，职业教育已能和普通高等教育分庭抗礼，都是我国教育体系的重要组成部分。随着经济进入"新常态"发展，2016 年-2018 年间，我国国内生产总值(GDP)增速分别是 6.7%、6.8%、6.6%，进入平稳的增长态势。随着经济产业升级和经济结构调整的进行，技术技能人才的需求日益迫切，职业教育的地位和作用非比寻常。

1949 年新中国成立，当时的情况是技术学校少，普通学校多。职业技术学校在校生仅仅 30 万人。随着"三大改造"的完成，我国工业化进程进一步提速，职业教育因其实用性、技术型，短期可见成效，被国家所重视。于是工业、交通、农林、财贸等单位建设了一批专业技术职业学校，培养"干部"，"半工半读"的教育模式也一并推广开。到了 1956 年，职业教育已有学校 7294 所，在校生 127 万人，占到高中阶段人数的一半以上。经历过"十年混乱"，职业教育招生大幅萎缩，教育比例严重失衡。1978 年改革开放以后，1985 年颁布的《中共中央关于教育体制改革的决定》中提出："建立起一个从初级到高级、行业配套、结构合理又能与普通教育相互沟通的职业技术教育体系。"进入 90 年代初，职业教育发展到最高峰，工人待遇优厚，还有"国家干部"的身份。随着劳动人事制度改革、企业教育职能剥离，职业教育受到了巨大的冲击。

步入新世纪以来，国家加大力度扶持职业教育发展，2017 年全国职业教育财政性经费达 3350 亿元，政府在教育上耗费巨大，在市场普遍看好的情况下，预计 2020 年全国职业教育市场规模将达到 11620 亿元。同时年初，两会上释放出将 1000 亿社保结余资金投入到职业教育与培训上，用来支持职业教育发展。

在我们对职业教育的认识中，"二流教育"、"天花板"、"断头教育"、"不学无术"......这些名词充斥着对职业教育刻板印象的描述和认知。发展职业教育，必须大力扫除社会中对职业教育的误解和偏见，鼓励企业办学，推动产教融合为背景的校企合作，将一个个鲜活的办学实例发展成可以复制的成功模式，比如汲取德国双元制成果、英国现代学徒制、澳大利亚资格证书制度的优势。回溯职业教育 70 年的历史,职业教育的发展与经济息息相关。尤其是在中国具有本土化办学的典型职业教育模式的影响下,在专业合作、专业共建、学院共建的模式上,更应该加强对企业端的互动、协同和合作,将企业的师资、知识、资源等引入学校,推动社会产业与学校人才培养的融合,为社会培养实践性人才,弥补经济发展所需要的人才短板。在人口红利消失殆尽前,致力于提高人口的素质,将职业教育发展为国民教育。

## 2.转型突破:一种教育方式的回归

从"边缘地带"回到"聚光灯"的前台,职业教育在经历了迟缓与转型的几十年发展后,即将步入高速发展的轨道。回首职业教育近四十年的发展,职业教育的基本框架雏形已初步形成。"水土不服"也一直伴随着职业教育的转型与发展,中国职业教育体系引进自德国,目前德国双元制、现代学徒制等制度在我国已经施行多年。虽然在大部分职业院校加以推行,但在全国尚无法形成标准化、系统化的办学模式。

近年来职业教育发展的情况不容乐观,从 2012 年到 2017 年呈现出逐年递减的状态。目前我国每年职业院校毕业生大约有 700 万人。随着海南职业技术学院录取的 1113 名退伍军人顺利入学,职业教育扩招 100 万人的计划正式拉开帷幕。2019 年始,国家陆续出台多项教育政策文件,推出《国家职业教育改革实施方法》、《中国教育现代化 2035》等文件,显示出大力发展职业教育的决心。"职业教育和普通教育是两种不同的教育类型,具有同等重要的地位。随着各行各业对技术技能人才的需求越来越紧迫,职业教育的重要地位和作用越来越凸显"。《国家职业教育改革实施方案》在开篇即指出,职业教育与普通高等教育是两种不同的教育方式。而在现实的操作中,两种教育类型则雷同,并没有本质的区别。职业教育院校大都仿造普通高等院校而设置。因此在近来的文件中,突出强调了这种差异。

区分两种不同的教育类型，也从侧面印证了职业教育独当一面的重要性，两种教育的区别发展，才能显示出职业教育回归"应用型"教育的本质。

## 人力与物力的全面支持

2019 年初，全国"两会"政府工作报告提到，改善高职院校考试招生办法，鼓励更多应届高中毕业生和退役军人、下岗职工、农民工等报考，2019 年大规模扩招 100 万人[2]。至此职业教育成了"两会"中受到瞩目的议题。同年，在国务院常务会议确定使用 1000 亿元失业保险基金结余实施职业技能提升行动的措施，提高劳动者素质和就业创业能力。具体目标有：2019 年培训 1500 万人次以上，三年内培训 5000 万人次以上；从失业保险基金结余中拿出 1000 亿元，设立专项账户，统筹用于职业技能提升行动。支持地方调整完善职业培训补贴政策，深化"放管服"改革，推动职业院校扩大培训规模，支持企业、社会培训机构开展技能培训，民办机构在政府购买服务等方面与公办同类机构享受同等待遇。在 2020 年两会上，国务院总理李克强在做政府工作报告时表示，今明两年职业技能培训 3500 万人次以上，高职院校扩招 200 万人，要使更多劳动者长技能、好就业。多项支持政策出台，显示国家对职业教育的支持力度越来越大。

## 作为后备军的农村职教

农村职教一直是职业教育发展的一支后备军。据相关数据显示，我国农村人口中文盲占比 7.25%，小学和初中分别为 40.84%、44.91%。高中教育和高等教育比例为 9.74%。这表明，我国农村教育长期落后、水平不高，但有非常大的发展空间。农村职教作为职业教育发展强大后备军的地位不容置喙。我国农村职教发展程度较低，当前一般开展的是县级职教中心为

---

[2] **全国首批 15 所高职升格大学 不变的是"职业"属性**[EB/OL]. 新浪网

http://edu.sina.com.cn/gaokao/2019-07-12/doc-ihytcerm3062354.shtml.

主体的"送教下乡"等活动，缺乏企业的深度融入，也缺乏产教融合的思维，无法进一步将职业教育的知识转变为科学技术的生产力。农村职教是提升广大农民技能与知识的不二途径，但如何切实结合当地需求，开展深度合作，一直是一个难题。因此，发展农村职教将成为职业教育改革的又一大突破口。构建立体培养模式、因人制宜、因区制定，建立契合的培养模式，将农业、农村、农民的特点与职业教育中培养的相关专业、课程、师资力量进行组合，探索培育新型农民的方式。构建村企对接服务，主张利用企业资源解决农村发展的问题，重点利用当地特色发展职业教育，以县级职业教育中心为支撑，促进企业与农村的对接与合作，让农民除了土地之外有更多发展机会，促进农村经济的发展。

## 社会认可度的全面提升

提高职业教育的社会认可度，是大力发展职业教育的另一个关键课题，打通社会上升通道，设立"职教高考"和"职业大学"，则是一个具有战略性的决策。众所周知，长期以来职业教育被社会自觉地划分到"坏孩子教育"的位置。对职业教育而言，社会认可度的提升也就意味职业教育从教育类型上获得了质的变化，这种变化尤其是体现在本科层次教育的"职业大学"的首次设立。在本次《国家职业教育改革实施方案》中，首次明确提出要建立"职教高考"制度，形成"文化素质+职业技能"的考试招生办法。对职业教育院校师生而言，这无疑是一剂强心针。目前，现行试点的江苏省职业教育招生办法有示范性，他们使用对口单招、五年制高职、中高职衔接3+3、中职本科衔接3+4等方式，创新职业教育培养体系。

此外，新设立的15所本科职业大学无疑更受人瞩目，当前山东有3所，广东和江西各有2所。将职业院校升格为职业大学的动作寓意深刻。这不仅拉开了职教升格的序幕，也开启了职教重生的时代。此次升格将助力职业教育向更高层次迈进，最直接的效果是，它将快速提高职业院校毕业生的竞争力、认可度和接受度。职业本科设立带来的结构性效应，将随着时间的推移而进一步显现。职业教育今天已在改革路上大踏步前进，无论是教育类型、社会地位、上升通道、后备军等问题的破解，还是校企合作、产教融合等具体实施的路径，都将使职业教育更加深入人心，再获生命力。

## 全新的职业教育发展路径

职业教育是中国教育的根基和发展动力，职业教育健康发展与否直接影响中国经济长期发展的前景。每年我国职业院校毕业生大约有 700 万人，但从 2012 年到 2017 年呈现出逐年递减的状态，发展形势不容乐观。虽然职业教育生源数量与普通高等院校大体相当，但在质量上无法相提并论，长期的低质量、高数量的低水平发展直接制约了职业教育的发展，影响到了职业教育在社会中的地位和国民经济发展的重要性。

大力发展应用型职业院校或将打破这一现象。《国家职业教育改革实施方案》明确提出：到 2022 年，一大批普通本科高等学校向应用型转变，建设 50 所高水平高等职业学校和 150 个骨干专业。应用型高等院校的建立，不仅将直接改变职业教育的发展层次，而且也能提供了职教人才发展新的上升通道，更好地为职业教育的专业发展、校企合作、学生实习提供便利。

更重要的是，当前职业教育发展中遇到了学校培养、专业选择与社会发展脱钩现象严重。学校培养的人才在毕业时并不为企业所需要，毕业生求职的成本无形中被提高，不仅需要寻找合适的工作还加大了学习新技能的成本。

其中，新职业带来的冲突尤为突出。近年来，新职业层出不穷，在拓展了学生的就业渠道同时，也增加了新的挑战。2019 年 4 月人力资源和社会保障部正式发布了 13 个新职业信息，这是自《中华人民共和国职业分类大典（2015 版）》颁布以来发布以来，国家首次发布新职业。主要集中在高新技术领域，对从业人员知识、技能水平具有较高要求。其中包括：物联网工程技术人员、大数据工程技术人员、云计算工程技术人员、数字化管理师、无人机驾驶员等。社会新职业的出现与发展，对教育培养的层次和能力要求也需要及时跟进。

当然，新职业的出现也推动了教育培训需求的上涨，职业教育培训市场拥有极强的开发潜力。在国务院办公厅印发《职业技能提升行动方案（2019－2021 年）》中提到，2019 年至 2021 年，持续开展职业技能提升行动，提高培训针对性实效性，全面提升劳动者职业技能水平和就业创业能力。[3]如对职工等重点群体开展有针对性的职业技能培训；激发培训主体积极性，有效增加培训供给。完善职业培训补贴政策，加强政府引导激励。未来，职业教育培训或将是职业教育发展的重要支点，以职业培训为基础，深耕职业教育地方模式，构建职业教育发展的中国模式，是职业教育从业者、院校、企业和相关学者思考的出发点。总之，职业教育培训为校企合作和培训企业提供了广阔的舞台和合作可能性，职业教育地方化发展模式丰富了职业教育的实践，为职业教育的大力发展贡献自己的力量。

[3] 关于印发职业技能提升行动方案（2019—2021 年）的通知[EB/OL].中国政府网 http://www.gov.cn/zhengce/content/2019-05/24/content_5394415.htm.

# 第二节 认知与改革中的职业教育

## 1.体制改革：教育治标更要治本

"大国工匠，藏锋敛锐"，随着职业教育改革走进中国教育改革的议程，职业教育一词在教育界、投资界、学术界等诸多异质圈层掀起狂风巨浪，从人人漠视的教育类型一跃成为各界瞩目的宠儿。目前，我国教育体系由三部分构成，一是普通教育体系，二是职业教育体系，三是继续教育体系。其中的职业教育又分为学历职业教育和非学历技能培训，学历职业教育又分为中等职业学校和高等职业学校两类。

随着15所试点职业大学的升格，职业教育的本科教育也随之进入视野[4]。据教育部相关资料显示，截至2018年我国中等职业教育在校生规模约在1551万人，高职学校在校生规模在1104万人。换言之，中职、高职在校生合计超过2655万人。而普通教育的在校生人数是4023万人。[5]在国外职业教育发展较好的国家，如2017年德国的职业教育"双元制"入学率达到64.9%。相比而言，我国的职业教育入学率、在校生数量，接受职业教育的人数都不占优势。

---

[4] 全国首批15所高职升格大学 不变的是"职业"属性[EB/OL].新浪网
http://edu.sina.com.cn/gaokao/2019-07-12/doc-ihytcerm3062354.shtml.
[5] 中国职业教育市场分析，学历职教公办为主[EB/OL].瑞观网
https://www.reportrc.com/article/20191018/1820.html

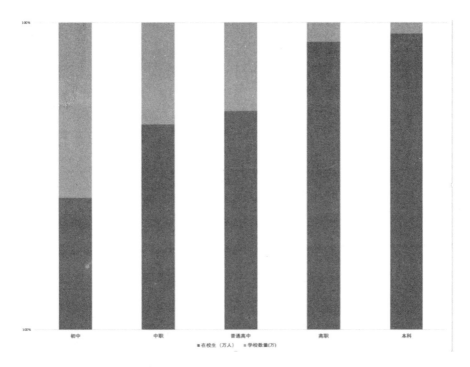

**图1学校规模与在校生人数（来源：中国教育科学研究院）**

参考德国的教育体系，德国在中学的基础上，也就是高中的阶段构建了完整的职业教育系统，与普通教育并置。德国的职业教育体系由初等——中等——高等三级职业学校或学院构成，并在每一层级开辟了向普通教育转换的通道。而我国目前的职业教育体系为二级，即中等——高等，且没有向高等教育转换的通道，这就造成了职业教育向高层次教育发展的"病灶"。

为了加速推进职业教育体系的形成和优化，自2002年以来，相关部门出台了若干政策和决定，推动职业教育的发展。不可否认的是，作为中国职业教育改革的纲领性文件，《国家职业教育改革实施方案》明确提出：企业参与职业教育建设，培育产教融合型企业，推动建设300个产教融合实训基地。诚然，职业教育在短期内难有突飞猛进的表现，但治标更要治本，此次《国家职业教育改革实施方案》是对多年职业教育发展现状的有力回应，想要大踏步前进，就需要破釜沉舟的魄力。我个人认为，当前政策红利下，中国职业教育的发展遇到了亘古未有的良好机遇期。一方面是国家用政策搭建的职业教育保障体系，促进职业教育逐步完善；另一方面，职业教育市场庞大，利用政策办学，赶上政策优惠，实现校企融合，不失为企业发展的路径。

## 2.上升通道：职教发展的"天花板"

"人人皆可成才、人人尽展其才"，2019 年 2 月 13 日，国务院印发《国家职业教育改革实施方案》，《方案》出台了一系列职业教育发展的新措施，为职业教育改革写下了浓墨重彩的一章。而在这诸多改革中，打掉"断头教育"拦路虎，打通职教学生上升通道，是重点中的重点，核心中的核心。无论是从历史角度，还是现状角度来看："断头教育"是职业教育发展中的最大拦路虎。从历史发展的眼光看，我国职业教育发展与高等教育同源，都是在 1978 年改革开放以后快速发展起来的。就教育理念而言，"有教无类"是指所有的人都有获得教育的权利。发展到现代，教育权利的发展不仅指受教育的权利，还指能够进一步接受教育的权利。如今职业教育成了人们心中所谓的"断头教育"、"末路教育"，它没有足够的上升通道，与普通高等教育区别明显，没有本科、研究生教育的培养，更缺少从职业教育向普通高等教育转换的机会和平台。反观职业教育发展成熟的国家，比如德国就建立了成熟的职教互通体系，职业教育可通过申请入学，进入大学本科、硕士、博士级别的教育。而在我国职业教育学生却缺少进一步深造的机会，这使得"断头教育"横贯在职业教发展的整个过程中，成了拦路虎。职业教育上升通道的作用异乎寻常，因为一旦建立了完善的上升通道，那么必然会突破"断头教育"的限制，快速振兴职业教育。

一个方面，从数量到质量来说，职教发展重心亟须变革。据《2018 年毕业生就业报告》显示，2017 届本科生就业率为 91.6%，高职高专毕业生就业为 92.1%。从数据上看，中高等职业教育的就业率高于普通高等教育。

但从工作的去向来看，职业教育毕业生的就业偏向于中低端技能型人才或服务行业，技术含量偏低、可替代性特征突出，同时薪资待遇也比本科生低一大截。具体到数量而言，中高等职业教育毕业生数量庞大，动辄以百万计，目前全国职业院校年招生 928.24 万人，占据我国教育的半壁江山[6]。中高等职业教育人数数量庞大，但教育的质量不尽如人意。教育质量上的差距，造成了蓝领阶层与白领阶层之间的鸿沟愈加突出。本应随着社会经济发展而弥合的知识鸿沟，反而随之扩大了。从蓝领变为白领的机会越来越渺茫，阶层对立的现象呼之欲出。因此，改变职教发展重数量而忽视教育质量的发展路径，十分必要。

另一个方面，从阻碍到机遇的转换而言，上升通道或是职教改革的关键点。中国职业教育在发展过程中，遇到了形形色色的阻碍，其中上升通道则是改革的核心。有了上升通道，一则会引流职业教育人才通过教育向社会上层涌动，软化阶层对立；二则提高了职业教育的素质，将职业教育体系彻底解放，对接高等教育平台，促使教育公平和人才资源流动；三则教育会更加多元化，职业教育与高等教育的对接，将促使教育发展更为迅速。"职业教育大有可为，也应当大有作为"，在国务院下发的《方案》中，提到："发展以职业需求为导向、以实践能力培养为重点、以产学研用结合为途径的专业学位研究生培养模式，加强专业学位硕士研究生培养"。这非常有利于职业教育高层次人才培养，为职业教育发展指明了的方向。

"推动具备条件的普通本科高校向应用型转变，鼓励有条件的普通高校开办应用技术类型专业或课程"。本科层次的办学，将直接促使职业教育的社会地位提高、企业认可度提升。同时也提升了职业教育在教育中的地位。总之，破解职业教育发展困境，亟须从解决职业教育拦路虎"断头教育"下手，重视职业教育的质量，提升毕业生的含金量，打通职业教育

[6] 2018 高校毕业生就业报告[EB/OL].搜狐
https://www.sohu.com/a/247134977_804679

人才成长渠道，开启人生的"上升通道"，"加快发展职业教育，让每个人都有人生出彩机会"。

### 3.社会认知：职业教育的认识偏倚

1978 年改革开放以来，职业教育发展经历了 41 年的发展历程。2018 年全国职业院校 1.17 万所，在校生 2685.54 万人，年招生 928.24 万人，职业教育占据我国中高等教育人数的一半。20 世纪 90 年代初，职教毕业的中师生是包分配的"国家干部"，是人人眼里香饽饽。20 世纪 90 年代后半期教育改革后，职教地位一落千丈，社会地位下降，沦落至今依然是"二流教育"的代名词。2013 年起至 2017 年，全国中职毕业生出现大幅滑坡，每两年跌破一个百万量级，2017 年毕业人数 496.88 万比 2011 年减少近 200 万人。近数十年以来，职业教育发展沉疴已久，急需大刀阔斧的改革。当前职业教育发展受经济形式、国家政策、社会地位、企业认知等多种因素制约，但从职教发展的历史进程来看，职业教育的中职教育、高职教育在社会上形成了"二流教育"的标签，上专科都是成绩不好的，家长、老师、学校、企业、社会在这种思想的影响下，便越来越轻视职业教育，视之为"不入流的选择"。我们认为在职教改革发展的过程中，职教去"二流教育"社会认知是必然的趋势。

#### 二流教育帽子始终存在

"走向未来，是职业教育大有作为的新时代"，2019 年中国职业教育技术学会会长，原教育部副部长鲁昕在同济大学中德职教年会提到了职业教育的十个新使命。职业教育的改革发展已在谋划之中，破除职教观念偏见的序章开启。未来职业教育将重点打造"中国职业教育达沃斯论坛"，建设中国现代职业教育智库，开设"走向未来新时代"讲坛，举办学生作品博览会，组织说课比赛等竞赛活动，编写出版职业教育发展报告、就业报告、行业需求报告和发布职业教育发展系列蓝皮书，组织和推介高端培训，开发培训包，推动国际合作等。这些动作将为职业教育的改革提供支持。

放眼世界，职业教育产业规模都极其庞大，以德国为例，据《2015年职业教育报告》显示，2005-2014年间，德国职业教育新增人数明显大于普通高等教育的新增数量。德国产业工人中，中高级技工比为50%，而我国的比例则为5%。因此，提高职业教育学生数量，促进职业教育全面发展，乃当务之急。李克强总理在政府工作报告提到要全面改革发展职业教育，2019高职院校扩招100万人，2020-2021年再高职扩招100万。政府大力推进职业教育改革的决心可见一斑。纵览20世纪职教发展的跌宕历程，国家利好政策支持扩招必然是推动职业教育规模化的强心剂，然而职业教育要实现突破性发展，也必然将破除职教刻板印象、转变教育思维、去"二流教育"化作为推进职教改革的重点。

改变职业教育的"二流教育"形象，破除教育观点壁垒，首当其冲。现行的课程、专业、教师都是仿照普通高等教育设置，职业教育不同于普通高等教育，职业教育应是培养专门技能型人才的。其次，破除观念偏见，必然需要制度护航，《国家职业教育改革实施方案》提出的专业目录、教学标准、课程标准等一系列措施，将当前弊端一一对应。最后，打破阶层固化，提升职教毕业生地位，这一点乃重中之重。政府"积极推动职业院校毕业生在落户、就业、参加公招、职称评审、职级晋升等方面与普通高校毕业生享受同等待遇"，甚至在某些行业、某些岗位设置待遇等方面要为职业教育毕业学生加分！总之，冠在职业教育头上"二流教育"帽子，必将摘除，也必须摘除，才能全面推进职业教育的改革发展！

## 副学士 —— 一种身份觉醒

"副学士"触动身份认知，考量社会决心。当前职业教育改革的呼声不绝于耳，火爆的"小龙虾学院"、"副学士"等关键词，成为人们津津乐道的新闻，一方面是受猎奇心理驱使，另一方面是受社会娱乐化影响。在2019年两会上，全国政协委员李健提议在我国高职院校中设立"副学士"

学位。此举意在将原本属于专科层次高职院校的三级学位体系升级至四级学位体系，从而提高专科层次高职教育的社会地位，提高高职教育毕业生的社会身份认同度，提高职业教育的含金量。

"副学士"学位仿照普通高等学历教育的本科毕业生学士学位而来。于职业教育而言，设置"副学士"是提高毕业学生社会竞争力、教育培养质量的有力举措。于当前教育体系而言，设置"副学士"可以提高职业教育的关注度，提升职业教育在教育体系中的话语权。两会上提出"副学士"学位这个提法，令人颇感惊讶。惊讶之余，我们需要大力反思。如今职业教育的发展，并不止于一个"副学士"学位这一个措施，无论是社会地位还是教育质量，都泥沙俱下，导致职业教育现代化程度低。

教育结构改革，要两条腿走路。当前，我国的教育结构不够合理。原教育部副部长鲁昕在2019年中国发展高层论坛上表示：2018年中国大学毕业生834万人，在结构和质量上，应用型、技术及技能型人才严重不足，行业应用人才、一线操作技术技能人才都严重不足。我国教育结构的不合理体现在职业教育与普通高等教育采用同样的教育体系和培养体系，职业化区分程度低，这使得职业教育与普通高等教育割裂，职业教育无适当平台，实现阶层跨越；体现在职业教育规模庞大，但有量无质，缺乏优质职业教育平台。

未来，中国经济的发展需要大力发展职业教育，提高人口的质量，为中国经济的平稳发展持续贡献发展动力。目前职业教育规模庞大，若不加以重视，势必会影响深远。2018年全国有职业院校1.17万所，年招生928.4万人，在校生2685.54万人。因此，在专科层次的高职院校设立"副学士"学位，只是重新提升、关注、重视，只是改革职业教育的第一步，职业教育和高等教育如同一个人的两条腿，两条腿走路需要二者的平衡和相互扶持。

职业教育改革的关键是质量。职业教育改革的呼声不绝于耳，"小龙虾学院"学校适应社会，紧密合作；"副学士"学位提升学生社会竞争力，社会关注。这些都是量化的、可见的、局部的改革具体措施。真正的改革要从职业教育顽疾的根子上入手，即从教育"质"的提升上倾注关注度。

第一，重塑社会认知。职业教育与高等教育是教育的分类，二者并无三五九等之分。将职业教育"二流教育"形象一扫殆尽。凡是改革，观念之变，是一切改变的开始。第二，建立教育互通平台。打通职业教育与普通高等教育之间的壁垒，为职业教育提供人生转换的机会，提供人生出彩的舞台，职业教育者也可以通过教育平台，通过学习、提升，实现阶层上升。最后，推动职业化、标准化建设，建立真正的、独立的、标准的职业教育方式，从专业设置、课程培养、师资力量等学校因素，皆以职业教育本身为出发点，量体定制，大破大立。同时，用一系列标准化措施，如"学分银行"、"现代学徒制"等，保证职业教育的贯彻实施。

# 第三节　合作与发展中的职业教育

## 1.发展路径：一种独立的教育方式

从 2019 年中高考开始，选择普通高等院校与选择职业院校的问题就摆在了中高考生的面前。职业教育本科 15 所试点学校公布以来，职业教育拥有了更多的潜力。"以史为镜，可以知兴替"，回顾职业教育历史，我国职业教育发展时间虽较为长远，但主要是从 1978 年以后职业教育才开始走向正规化发展道路。从 2019 年开始，国家开始提倡大力发展职业教育，《人民日报》与新华社曾陆续多频次发布与职业教育振兴的相关新闻，"职业教育发展迎来了春天"信号被广为传播。

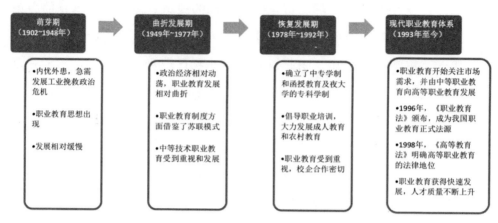

**图 2 中国职业教育发展阶段（来源：作者自绘）**

2019 年，我国蓝领高级技工缺口近 1000 万人，受制于产业工人整体素质和技能水平，我国对高技能人才的需求非常迫切。目前我国劳动生产率水平是世界平均水平的 40%，可见落后不少。2019 年两会上，提出职业教育扩招 100 万人，将国家奖学金奖励名额由 5000 人增至 1.5 万人，这些利好措施惠及的中职学校有一万多所，高职有 1418 所。随着 2019 年初《国家职业教育改革实施方案》印发，职业教育收到的提振信息越来越多。社会舆论充斥着一片欢腾的气息。但职业教育发展任重而道远，累积数十年的问题亟须解决，如对职业地位看低，社会认可度不高，职业教育水平较低……诸如此类的问题等等。自 2019 年 6 月全国首批职业本科大学出现以来，无论是中职还是高职，其在社会公众眼中的地位、形象焕然一新。

当前的职业教育发展形势可谓"一片大好"，我们面对眼前"好政策红利"、"好商业模式"，不应仅仅看到"好"的一面，更应看到"不好"的一角。我们发展职业教育，校企合作发展是重要的推动力，但在校企合作如火如荼开展的情况下，我们更应该保持清醒的头脑，不被金钱拜物教所迷惑。校企合作应以学生的发展为本质特征，贯彻以人为本的原则。校企合作要坚持实施创新发展思路，推进产业与学校实现深度融合，在宏观层面，应在职业属性、学校定位、学生技能、就业方向、学校规模和发展战略上提前规划。在微观层面，推动上课、实习要"校厂一体"、"以厂为校"，将社会经验切实的应用到职业的教育中。

此外，专业设置、教育教学，都应以市场就业为导向，切实做到毕业即上岗，如小龙虾学院毕业生甫一毕业即已被预订，就业行情直线上升。实然，职业教育不能完全任由市场控制，作为一种教育类型，其主要任务是教学育人，帮助年轻人实现人生出彩，实现人生理想。职业教育更应该是一种情怀与专业并存的教育，没有高等教育的书卷气，也没有社会的铜臭气。大国工匠应专业、专注、精益、敬业，如斯。

## 2.模式选择：职业教育发展的重心

中国职业教育走过四十多年的历史，在波澜起伏的年代里，萎靡不振。风雨兼程过后，国家对职教发展重新认识，不断加大对职教的投入，从国家层面重新设计职教的发展路线，职教改革即将迎来新的发展。1993年11月，北京的深秋，这个月的4号中国共产党第十四届中央委员会召开了中央委员会第三次全体会议，这一天通过了《中共中央关于建立社会主义市场经济体制若干问题的决定》，由此中国改革开放的进程将进一步深化，市场经济体制的确立，如疾风骤雨一般席卷了中国大地。中国市场经济在阵痛中萌芽，随之而来的企业倒闭、工人下岗、物价上涨……一时间许多人的铁饭碗丢了。

1999年全国普通高等教育学校扩招，中高等职业院校的地位在企业改制和高校扩招的夹击下一落千丈，由此职业教育进入了长达十年的停滞期。近十年以来政府出台相关政策文件竭力振兴职业教育。2019年以来更是连续出台多项重磅政策，2019年《国家职业教育改革实施方案》出台，为职业教育发展描绘宏伟蓝图。2017年全国职业教育财政性经费达3350亿元，政府在教育上耗费巨大，在市场看好的情况下，预计2020年全国职业教育市场规模将达到11620亿元。

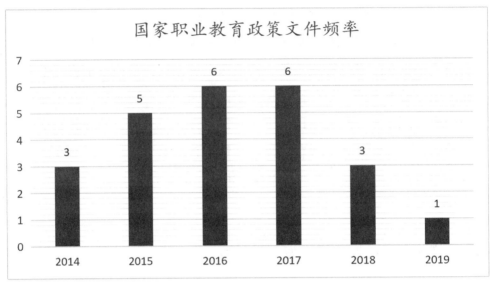

**图 3 中国职业教育文件发布次数（来源：作者自绘）**

尽管中国现代职业教育发展未过半百，但在职业教育改革发展的过程中，却涌现了许多职教发展新模式，她们突破了传统职业教育的牢笼限制，焕发着生机。目前三种发展模式比较引人注目，一是职教城模式，二是职教集团模式，三是 PPP 职教模式。从发展逻辑上看，职教城模式是以城市空间为核心，将职教学校资源聚合，最大程度的发挥职教学校的集聚效应，实现资源共享。而职教集团则是产业与学校的融合，企业资助学校，学校为企业定向输送技术人才，相益相生。PPP 模式则是公办学校引入社会资本，自主放权，让企业管理学校。

职教城是近十年发展出来的新型职业教育模式，将众多职业学校整合建设职教城，在城市的空间上完成教学资源的整合。如短时间内建立了重庆职教城、毕节职教城、鞍山职教城、合肥磨店职教城、温岭职教城、株洲职教城等数十个职教城。以鞍山职教城为例，在学校配置上，设有 28 所学校，共有 342 个专业，涵盖 47 个门类。在教学内容中，其一，在职教城中施行双元制，促进现代学徒制在学校的推广，一方面将企业引进学校，一方面将课堂放在企业。其二，施行双师制，即有业务老师也有理论授课老师，全面促进学生成长。从长远发展来看，职教城集聚学校数量多，师资强大，开设的专业多，加上资源的优化整合，未来职教城模式前景广阔。

职教集团的目的在于深度融合，实现学校和企业合作双赢。因此学校的专业、课程设置都以企业需求为导向，企业为教育单位提供资金支持和技术支持。职教集团办学实际性地促进了产教融合的实践，实现了教师资源的内部流动和企业实践，反过来又提升了教学质量。据《中国职业教育集团化办学年度报告(2017)》，我国目前有职教集团 1406 个，成员 35945 个，企业占比 73%，学校数量为 1236 所，覆盖了全国绝大部分地区。随着集团化办学能力的日臻成熟，职教集团成为我国职业教育发展的又一强大驱动力量，也是职教发展的主要方向。[7]

PPP 模式是指政府部门与社会资本合作，截至去年我国共有教育类 PPP 项目 381 个，项目总投资额 2176.9 亿元，平均投资金额为 5.71 亿元，以小型项目为主。下图为 PPP 教育项目类型，其中职业教育是 PPP 教育的一大主要投资方向。

---

[7] 《中国职业教育集团化办学年度报告（2017）》在京发布[EB/OL].
https://edu.qq.com/a/20171204/019503.htm

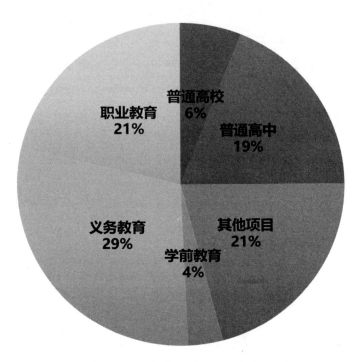

**图4 中国教育类型分类（来源：作者自绘）**

职教 PPP 模式分布较广，在山东、河南、浙江分布。在 PPP 职业教育模式中，企业以资本、知识、技术、管理等要素注入学校办学，同时也享有相应的权利。目前 PPP 职教模式有两种，一种是 BOT（建设-运营-移交），一种是 ROT（改造-运营-移交），前者注重建设和运营，后者注重运营和维护。以天坤教育为例，天坤古蔺职高是典型的 PPP 合作模式，重点关注"工读一体"和"校厂一体"。政府与企业的联姻，意在充分调动各种资源为建设和提升地方职业教育。

综上，职教城是空间的整合，强调资源共享。职教集团是产业的整合，注重产业链的配合，PPP 模式是生产要素的整合，核心是市场配置。从微观上看，在职教发展的过程中，一个明显的趋势是学生走出课堂学习技术，企业走进学校定制培养学生，如此有力度的推动之下，可以预见职业教育改革将比预想的更快更猛烈。

# 第二章 职业教育中的产教融合因素

# 第一节 技术与颠覆中的职业教育

## 1.技术趋势：未来的职业教育

以计算机，多媒体和互联网为标志的信息时代的到来，信息技术的广泛应用有效地推动了职业教育的更深层次变革。运用信息技术来帮助改变传统的教育教学和管理方法，对于解决教育面临的瓶颈问题具有重要意义。加快促进职业教育信息化，是提高职业教育质量，实现职业教育现代化的重要战略举措。2017 年，教育部《关于进一步推进职业教育信息化发展的指导意见》指出，有必要增加云计算、大数据、物联网、虚拟现实/增强现实等人工智能新技术的应用。职业教育的特色是产教融合、校企合作、勤工俭学以及知识与行动的融合。例如上海电力工业学校致力于创建"智能校园"，目前已完成办公自动化，科研管理，教务管理，财务，入学，离校，就业等诸多管理系统的业务流程，并拥有实现了学生的全周期管理。

混合学习设计应用越来越多。在线学习的形式越来越受到人们的认可，越来越多的学习者和教育者将其用作对传统面对面教学方法的补充。时代的变迁对混合学习提出了更高的要求。它不仅限于教学形式的融合，而且更注重学习内容、学习方法、学习资源的整合，为学习者提供个性化学习和适应性学习服务。例如湖南交通职业技术学院路桥工程学院结合课堂教学和直播教学，实现了课堂与施工现场的实时有效互动。

开放教育资源正在迅速增加。联合国教科文组织将开放教育资源（OER）定义为"存在于公共领域或根据开放版权许可协议发行的数字或非数字教学，学习和研究资源。这些资源允许其他人不受限制地工作，或者在较小的限制下自由访问，使用，修改和重新分发"。开放的教育资源为高职院校之间的知识共享和共同创造打开了大门，并对职业教育和教学创新以及质量提高产生积极影响。高等教育出版社下的"智能职业教育"作为在线平台为了共享职业教育的数字资源，结合了大型公开在线课程（MOOC）和小型限制性在线课程（SPOC），可以开展与支持与职业教育有关的教育和教学活动。

职业教育信息化让可供选择的学习方式日趋多样，如何使学习者由机械的、记忆的浅层学习向自主的、意义建构的深层学习迈进，是教育者越来越关注的问题。威廉和弗洛拉·休利特基金会(William&Flora Hewlett Foundation)提出，深度学习是提升学习者批判性思维、解决问题能力、协作能力和自主学习能力的过程。在此过程中，学生具有内在学习兴趣和积极负责的学习态度，构建知识关联，理解核心内容，并进行抽象、情景化表达和问题解决。例如南京交通职业技术学院轨道交通专业将 CRH 车组仿真系统引入教学课堂，充分利用 3D 虚拟技术，增加学生身临其境的学习感受，促进学生学习和引导学生进行深度思考。

重置学习空间快速提升教育质量。随着新的教学形式的出现，学习空间也需要同步更新。职业教育已经从传统的教学方式转变为注重实践操作和自主学习的教学方式。为了促进教育者与学习者的有机互动，促进跨学科问题的解决，有必要对学习环境进行重构。例如世界大学城的云空间利用云计算技术为每个用户提供一个云账号。一个账户就是一个学习空间，职业学校依托学习空间开展各种教学活动。同时技术的不断发展为跨学科合作创造了机遇，成为职业教育改革创新的催化剂。跨学科研究旨在整合两个或两个以上学科的知识、技能和观点，培养学习者的创造力、批判性思维能力和沟通能力。例如南宁职业技术学院在跨学科研究成果的基础上，加强思想政治课队伍建设，多学科推进"思想政治课"立体教育模式转变。

学生从消费者变成了创造者。随着"公共创业与创新"理念的提出，学生作为创造者的作用越来越受到重视。职业学校要把创新创业的社会使命融入教育教学，不断提高学生的创造力和自主解决问题的能力，建立学校教育与实际工作环境的联系。创客教育鼓励学生不断创新，将填鸭式教学法转变为建构主义教学法，通过多学科知识的整合，实现从消费者到创造者的转变。南京机电职业技术学院以学生为中心，探索创客教育与职业教育相结合的人才培养新模式。推动变革与创新的文化建设，为了促进创新，适应经济发展的需要，高职院校的结构要灵活，以技术为催化剂，以更广泛、更有效的方式促进文化变革和创新，为教育决策提供可持续发展的解决方案。职业教育与民族工业的发展息息相关。只有不断变化，跟上产业发展的步伐，才能满足经济社会发展的需要。因此，促进变革与创新是职业教育的文化特色。不断变化创新的职业教育具有生命力，能够为促进社会发展做出更大贡献。

教学方法的不断创新促进了新高职院校的建设，也促使高职院校思考自身的定位和现状。教育部发布的《关于进一步推进职业教育信息化发展的指导意见》指出，高职院校要加强与工业企业的合作，定期组织职业教育信息化创新发展交流会、座谈会等典型的应用培训和推广活动。加大高速网络、基础设施、资源平台和新兴技术建设，缩小高职院校之间的教育差距。如果高职院校没有一个对经营成果的最终负责机制，就很难培养出适应社会和行业需要的人才。借鉴国外民办高校办学模式，引入公民社会教育为高职院校办学模式提供了新的思路。

## 2.大数据：广阔的教育前景

大数据是驱动职业教育发展的关键技术。"资本逐利，风势正劲"，

2018 年 21 世纪教育集团和中公教育相继完成 IPO。职业教育在国家政策的关切和资本市场的热捧下，进入了快速发展的阶段。如今的职业教育发展与新兴技术的使用密不可分。2019 年 2 月，国务院发布《国家职业教育改革实施方案》，提出要将职业教育与普通高等教育明确区分，突出职业教育的特色。推进职业教育大刀阔斧的改革，使用人工智能技术、大数据技术就显得非常重要，目前大数据技术在职业教育的应用中可圈可点。大数据的发展要追溯到 2012 年末，克托·迈尔·舍恩伯格《大数据时代》一书的出版，在书中舍恩伯格强调未来的时代是由大数据主导的时代，大数据是全体数据、混杂性数据、相关关系的数据。舍恩伯格的观点引起了大数据技术在国民经济发展中的热议，大数据以此为契机进入了各行各业的视野中。

在职业教育的使用中，可以说既"高大上"又"接地气"。前者体现在认知层面，后者体现在实践层面。以大数据技术在教育中发展的地位来说，目前大数据技术在国家认知和行业认知层面实现了新的突破。一是，国家认识到大数据技术发展的重要性和必要性，大力推动大数据技术在教学教育中的应用。如 2017 年国务院印发《国家教育事业发展"十三五"规划》，鼓励教育事业要大力发展、应用大数据技术。规划中提到，大数据的使用主要是两个方面：一方面是用数据收集、分析和反馈，推出个性化学习教学；一方面是开展深度数据挖掘和分析，服务公众和政府决策。二是，职业教育行业从业者发展认知层面的变化，从国家政策文件中，感知到大数据技术发展的前景和大数据的使用价值，积极推进大数据人才的培养。2018 年有 248 所学校获批"数据科学与大数据技术"专业，比 2016 年此专业创建之初，扩大数百倍，足见当前教育对大数据技术的重视程度。

思维的变化，来自于实践的指引。反过来，实践会推动认知的发展。如今，大数据技术在职业教育的发展中，分为两个层面。第一层次是认知改变，第二层次是实践应用。从认知层面到实践层面，这种对大数据技术应用动作相当迅速。除了必要的思维认知，快速布局大数据技术的发展，将大数据从理论转化为企业、行业的实践更为重要。如清华大学推出"学堂在线"，利用大数据分析用户行为，实现个性化推荐学习；如广东轻工职业技术学院利用大数据分析行业人才培养；如南京理工大学通过大数据挖掘与分析，自动生成家庭经济困难学生建议名单，有效为贫困学生提供资助。技术的变革，源于思维的改变。大数据时代已经来临，基于海量的数据，使用大数据将为学生提供个性化的教学服务和跟踪、分析、评估教学质量等。大数据技术在职业教育的使用中有目共睹，未来大数据技术在实践层面中将有更为广阔的发展空间。

### 3.人工智能：一把教育的双刃剑

史蒂芬·霍金说："全面化人工智能可能意味着人类的终结..."机器可以自行启动，并且自动对自身进行重新设计，速率也会越来越快。受到漫长的生物进化历程的限制，人类无法与之竞争，终将被取代。历史上，科技革命的爆发都会使得所在领域发生重大变革。随着第四次工业革命的迅速发展，作为新一代技术代表的人工智能在全球范围里快速蔓延，人工智能技术与职业教育正在逐步融合发展。联合国教科文组织在《教育中的人工智能：可持续发展的挑战与机遇》报告中写道："人工智能将对学习方式、学习机会、学习质量、学生能力、教师发展等产生直接影响"。人工智能对教育领域的侵入，不仅体现对教育公平、教育决策、教育政策的积极作用，同样也体现在对隐私、伦理等教育内容的挑战。

同时，人工智能将改变当前职业教育的发展，直接驱使产教融合的方方面面，对教育市场产生重大影响。"2021年之前数字教育市场将每年增长5%，2017—2021年，人工智能市场将增长50%，这一领域很可能在未来10年呈指数增长"。如从事教育的好未来市值近400亿美元，新东方258亿美元。2019年初，腾讯研究院发布了《中国在线职业教育市场发展报告》，报告显示2018年中国在线职业教育市场规模达2336亿。人工智能在职业教育中的应用越发广泛，如 AI 场景教学，AI 系统整合了人脸识别、表情识别、语音识别、ORC 识别等人工智能教学，有助于提高学生的学习效果。同时也将对产教融合、校企合作的方式产生重大的影响。

比如人工智能的个性化学习、虚拟导师、教育机器人、VR/AR 场景教育等内容。个性化学习就是收集、存储、分析个人的学习数据，以用户画像的方式展示，从而了解学习情况，自动调整教学内容和方式。如美国的"Smart Sparrow"，致力于开发个性化教学工具。虚拟导师就是"一种在线辅导教学软件"，用以解决个人学习中的诸多问题。教育机器人则是类似于"启蒙老师"，如一款叫"Dino"的机器人，可以直接和孩子对话。这个机器人在听到孩子的问题之后，可以自动连接网络寻找答案，并且通过和孩子的交流逐渐学习和了解孩子的情绪和个性。

人工智能时代职业教育的发展将发生前所未有的变革。从职业教育市场需求端的企业到输出端的学校，都将面临人工智能技术的重塑。譬如，一大批学校成立人工智能专业或学院。如 2017 年的中国科学院大学发文成立人工智能学院、西安电子科技大学人工智能学院，2018 年的南京大学宣布组建人工智能学院，天津大学建立人工智能学院等等。在企业技术生产中，人工智能将极大提高生产力，同时也对人工智能技术人才提出来更高的要求，进而促使学校调整专业建设和课程培养方向。这些相互影响和作用的因素将是职业教育在新时代变革的诱因。

## 4.数字教育：职业化的主要方向

2018 年《教育信息化 2.0 行动计划》发布，我国教育信息化发展加速提上日程。2.0 行动计划旨在于实现教学、学习、数字校园等内容的建设，打造"互联网+教育"平台，推动教育资源实现质变。致力于实现信息技术应用能力全面提升和创新发展。原教育部副部长鲁昕提出建立国家中等职业教育网络教学资源平台，整合多媒体网络教学资源、模拟仿真实训软件等数字化教学资源，发展教育信息化。目前辽宁、湖南、湖北、上海、江苏、浙江、江西、重庆、青岛、新疆、广东等省市的职业教育信息化改革在快速发展之中。"使学生发展成为有宽厚文化基础、有更高精神追求的人，有明确人生方向、有生活品质的人，有理想信念、敢于担当的人"。《教育信息化 2.0 行动计划》强调建设网络化、数字化、智能化、个性化、终身化的教育体系，让人们能够"活到老，学到老"，一种终身学习社会的预设。

随着教育信息化 2.0 行动计划的实施，从数字资源服务、网络学习空间、网络扶智、信息素养、智慧教育创新、数字校园规范建设、千校万课、教育治理等方面促进职业教育的信息化发展。中国职业教育的信息化不仅是多信息化教学手段的建设，也是对职业教育人才这个核心的培养。同时，《职业院校数字校园建设规范》的通知强调："职业院校数字校园建设是一个持续优化和完善的过程"。推动职业院校数字校园规范化、科学化建设，需要我们不断地总结借鉴国内外先进经验，将技术先进性与职业学校教学和管理实际需求结合，构建职业教育的共建共享机制，有效提升在职业教育实践中的信息使用效率，将信息化与职业教育紧密结合，促进职业教育院校在办学、课程等方面的信息化建设。

综上所述，职业教育信息化有助于职业教育系统性、整体性的发展，有利于促进信息技术与职业教育的融合创新，提升教育的现代化水平。职教信息化的本质在于培养"有用的人"，促使师资力量的信息化升级、办学水平的信息化提高。而当前职业教育的发展，仍旧有许多"欠账"，比如职业教育发展面临资金短缺、生源质量不高等问题。这些问题，是困扰职业教育现代化之路的阻碍。在职业教育现代化的过程中，我们需要更多的互联网思维来解决问题。职业教育的互联化、信息化、现代化发展，走出一条特色的职业教育道路，是重中之重。如何实现地方职业教育与本地企业实现信息化合作，开辟产教融合的方向，是我们值得期待的努力方向。

# 第二节 国际化与传播中的职业教育

## 1.对外传播：国际化发展方向

随着我国对外开放不断深化、经济贸易自由化程度空前，在经济全球化、地区一体化和工业现代化的背景下，中国职业教育走向国际化意味着中国改革开放的更高层次，传播价值和理念，推广先进的职业教育经验。中国职业教育迈向国际化，是职业教育发展的重要进程。职业教育国际化发展，是中国文化"走出去"的软实力载体，一带一路是我国教育与国际教育资源实现深层次互动、对接的先锋队。一带一路是世界上跨度最长的经济大走廊，覆盖面积广袤，涵盖50多个国家，44亿人口占到全球63%，21万亿美元区域经济总量占全球29%。

中国职业教育向国际化发展需要一带一路经济带的依托。一带一路拥有巨大的经济资源、合作潜力以及办学基础，向外传播中国形象、中国声音，推动职业教育国际化办学，为国家所重视，是有效的途径[8]。实现教育国际化，是诸多西方国家共同努力的目标，2014年欧盟启动"伊拉斯谟+"计划，即欧盟"2014-2020年教育、培训、青年和体育计划"，目前实现人员流动400万人次，预算147亿欧元。德国则推出了"应用技术大学国际化"项目，鼓励高校人员参与国际化的流动与合作。

与此同步，2014年国务院《关于加快发展现代职业教育的决定》提出加强国际合作、参与国际标准制定，推动职业教育"走出去"。紧随其后，2016年教育部发布《推进共建"一带一路"教育行动》，提出与沿线国家共建"利益共同体"和"命运共同体"，并提出支持特色院校"走出去"，建设示范性高水平合作办学机构，沿线留学生达到5000人规模。

职业教育的国际化发展，面临一些难以逾越的现实鸿沟。在国际化教

[8] 打造一带一路职业教育共同体[EB/OL].中国教育和科研计算机网 http://www.edu.cn/edu/zhi_ye/zhi_jiao_news.shtml.

育理念、国际化支持系统、国际化师资队伍、国际化合作格局存在瓶颈。解决长期困扰职业教育发展的难题，是中国职业教育迈向新高度的必由之路。举例来看，我国职业教育发展模式多元化，缺乏具有代表性的象征符号，譬如一提到德国职业教育，就是"双元制"模式。我国职业教育扩招速度过快，尤其是国际合作的项目，质量保证问题堪忧。师资力量国际化结构不均，缺乏外籍教师。以上的诸多问题都是掣肘中国职业教育走向国际化的因素。职业教育国际化一来是彰显我国综合国力、文化软实力的象征，二来是倒逼国内职业院校改革的"衣冠镜"。"走出去"不仅仅是一句口号，更是借力一带一路经济快速交融的契机，调整、发展职业教育的绝佳良机。

## 2.一带一路：职教国际交流之路

随着中国边境地区经济合作的持续发展，巨大的经济向心力将一带一路周边国家聚集在周围。一带一路提出以来，中国与周边国家经贸取得了显著的成效，我国有7省区批准成立17个国家级边境经济合作区，2013年-2018年间，中国与一带一路沿线国家货物贸易进出口总额超过6万亿美元，年均超过增长4%。同时，我国大力推进"走出去"战略，鼓励有实力的企业参与一带一路投资创业，中国企业对沿线国家直接投资超过900亿美元，年均增长5.2%。在沿线国家完成对外承包工程营业额超过4000亿美元。经济的双向合作发展，为更高层次的合作提供了基础和要求。

随着一带一路经济建设的推进，支持和服务一带一路建设的技术、人才受到关注，教育越来越成为连接"一带一路"的纽带。当前，我国与24个"一带一路"沿线国家签署了高等教育学历学位互认协议，有60所高校在23个沿线国家开展境外办学，16所高校与沿线国家高校建立了17个教育部国际合作联合实验室。在"一带一路"的技术、教育和经济的交流中，职业教育发挥着沟通周边国家，实现技术输出、人才培养的重要作用。在

"一带一路"职业教育的输出中，"鲁班工坊"的建设最为典型，是一带一路沿线国家培养技能人才的大本营。

2016 年起，我国在泰国、印度、印尼等地建成了 8 个"鲁班工坊"，涉及自动化、新能源等 9 类共 23 个专业，培养学生 4000 余人次，培训教师 600 余人次。诸如"中泰国际学院"、"中斯丝路工匠学院"等职业教育基地的建设，使互联网与当地经济的结合更加密切，有力地推动了当地经济的发展。加强"一带一路"建设表明，职业教育推动了中国企业资本、院校经验"走出去"，为"一带一路"合作提供了人力资源、技术服务、人才培养支持。也为中国职业教育的国际化合作、发展，奠定了坚实的基础，职业教育"走出去"，不仅仅是经济投资的合作，也是我国文化软实力输出周边国家的真实写照。

在"走出去"战略，推动"一带一路"背景下，职业教育发展是"一带一路"经济发展的文化命题和经济使命。大力推进制度创新、模式创新、机制创新、体制创新。探索跨境人才培养配套制度、建立政策支撑、发挥企业主体作用，构建海外职业教育体制，切切实实的建立我国职业教育培养体系，与周边国家共同建设一带一路经济实体、文化实体，为"一带一路"沿线经济发展做出切实的贡献。总之，在中国经济作为世界第二大经济体的背景情况下，发展"一带一路"职业教育，推动文化输出、智能输出、人才输出。充分利用与"一带一路"国家的合作，推动"鲁班工坊"等跨境职业教育试点的运行，将"一带一路"做成经济之路、文化之路、职教之路。

# 第三节 多元化与变革中的职业教育

## 1.农民职教：教育发展的后备军

打破知识沟，农民教育重回视野。职业教育长久关乎的对象是中职、高职教育是农村职业教育一直以来是被忽视的灰色角落。如此庞大的群体，被职业教育"无意识"忽视，殊不知中国有 4 亿多农民，一个足够庞大的需要知识的群体，一个需要技能持续进步的群体。然而，知识鸿沟的存在，扩大了农民阶层与其他阶层的差距，缺乏有效的知识、技能、资本的介入，农村地区的经济发展极为缓慢，封闭的群体与难以流动的知识，使得职业教育成为破解农村发展的良药。职业教育是普及知识、技能与新事物的绝好渠道，大力发展农村职业教育，是职业教育振兴的必要路径。

2019 年，《国家职业教育改革实施方案》推行以来，职业教育扩招 100 万人提上日程。同时《政府工作报告》提出用 1000 亿失业保险基金结余提升职业技能培训，加上不久后实施的"百万高素质农民学历提升行动计划"，职业教育被置于社会关注度的中心位置，史无前例。农民职业教育重新回归，开始再次走进人们的视野。"百万高素质农民学历提升行动计划"明确提出全面完成 2019 年高职扩招培养高素质农民任务，用 5 年培养 100 万名接受职业教育的高素质农民，打造 100 所乡村振兴人才培养优质农民的学校，重点培养"两委"班子成员、新型农业经营主体、乡村社会服务组织带头人等。这些措施旨在打造农村职业教育的基地，为农民提升学历，为农村经济发展提供动力。

受教育程度与劳动参与率相关。时间回到 1978 年，改革开放以后，中国经济进入快速增长的阶段。城市化率从 18% 一路上涨到 2016 年的 57.4%。第二产业、第三产业成为驱动经济的主引擎。同时我国教育的发展受到重视，普通高等教育在扩招中一路高歌猛进，快速发展。此时，占中国人口总数 40% 的农村人口总体上受教育层次偏低。让我们用数据说话，根据第六次人口普查数据，农村人口中文盲占比 7.25%，小学和初中分别为 40.84%、44.91%。高中教育和高等教育比例为 9.74%。农民教育关乎国家大计，有必要予以充分的重视。劳动参与率与受教育程度密切相关，高中以上学历的劳动参与率偏高，反之亦然。因此，农民受教育程度与其收入水平息息相关，提高农民职业技能水平、接受职业教育，为农村经济的发展提供技能、技术与智力则变得迫切。

农民职业教育试点先行。中国农村职业教育发展以试点的方式在小范围内进行改革。如河北省开展的"送教下乡"试点活动，动员县级职教中心，以农民实际需求为导向，为农民开发课程，并通过集中学习、分组学习、自主学习、生产经营的方式，培养农村改革发展带头人和劳动致富带头人，将农村职业教育作为培育乡村各业人才的核心基地。这种以职业教育发展农村的思维，以职教中心为实施主体，以定制课程与师资资源的方式，丰富了农村职业的试验，推动了职业教育下沉的可能，起到了示范性的作用。如江苏农林职业技术学院与太仓市政府合作，实施定向招生、定岗培养、组织买单、返乡就业的模式，学院根据市场的需求定制人才培养的课程、专业以及其他需求。如北京农业职业学院独特的农村职业教育——为农村"两委"班子成员、农民和社会青年开设农村经营管理专业，学院与组织部联动，培养新时代技术农民。如河南农业职业学院建立起专家师资库，为农民培训班授课。种种试点措施，都是农民职教的有益尝试。

中国职业教育的发展依赖于诸多因素，农村职业教育是不可动摇的重要成员。眼下的农村职业教育发展，需要清楚的认识和改革，加快农村职业教育发展，从侧面拉动中国职业教育快速发展，农村职业教育的发展路径需要根据本地区的发展进行配套和制定。

第一，构建立体培养模式。因人制宜，因区制定。建立契合的培养模式，将农业、农村、农民的特点与职业教育中培养的相关专业、课程、师资力量进行组合，探索培育新型农民的方式。构建村企对接服务，"授人以鱼，不如授人以渔"，用企业的技术、资源扶持农村发展。

第二，利用企业资源解决农村发展的问题，重点利用当地特色发展职业教育，以县级职业教育中心为支撑，促进企业与农村的对接与合作，让农民除了土地之外有更多发展机会，促进农村经济的发展。培养领军人物模式。扶持职业教育带头人，优先扶持具有知识、技能和潜力的农村人员，提升他们的个人技能，形成良好的带头作用，促进农村职业教育的发展。

第三，建立农村人才数据库。大数据是我们这个时代重要的互联网技术，建设农民数据库是推进人力资源市场提高配置效率和匹配性的重要措施。搭建数据库，收集农民的个人信息和工作技能以及求职倾向，利用数据库精准匹配学习内容，跟踪技能程度、学习课程等，利用数据库为农民提供定制化的职业培训、职业指导、职业规划等服务。综上，农民职业教育发展已是职业教育行业发展的重要分支，是需要重点关注的首要对象，是职业教育振兴过程中必须予以重视的部分。农民职业教育不仅关乎地方经济发展，更关乎国计民生。

## 2.地方职教：经济振兴的希望

在职业教育产教融合的地方性实践中，四川、重庆、苏州等地的产教融合具有典型的代表性和推广应用的价值。取长补短也是职业教育发展中的必要措施。产教融合的理论来自于实践，地方性实践为产教融合理论的丰富做出了主要贡献。

如四川的产教融合聚焦于专业建设、平台建设，打通学校与企业沟通的壁垒。苏州则致力于产教融合的保障措施，以双元制为切入口，用技能职业证书守卫职业教育成果。而重庆则采用政策激励、财政输入、注重师资的方法推进职业教育的产教融合。

一般来说学校设置的专业、课程滞后于社会市场的招聘要求，面对这种难以破解的现实难题，无疑职业教育是实现专业与产业密切合作的路径。四川省的产教融合有借鉴意义，四川职业教育发展历史悠久，目前四川正大力推进职业教育创新发展。四川职教的产教融合主要归结于专业与产业的协调和创新平台的建立。在横向规模上，产教融合的试点起到非常积极的作用，为职业教育进一步改革奠定了基础。四川有产教联盟102个，其中涵盖的主体包括学校、政府部门、行业协会、企业、科研机构等等，五个参与主体共同构成了产教融合的基本框架，其中学校与企业是主要主体，行业协会、政府部门、科研机构起着协调、促进的作用。目前产教融合下的职业教育覆盖了高端装备智能制造、航空航天技术、交通运输、现代农业等重点领域。

在纵向深度上，四川切实地将职业院校专业设置与产业进行联动，专业设置与企业需求之间的契合度逐年提升。在当下的数字化信息时代，新开设了新能源科学与工程、物联网工程、健康服务与管理、工业机器人等专业。同时新增专业687个，组建40个新的专业群。专业时新性无限接近社会需求，是职业教育产教深度融合的一大优势。目前四川技术创新平台有200余个子平台，是产教融合沟通的桥梁，它一方面是产学研全面发展的促进器；一方面是人才、技术、资本流动的渠道，有利于实现深度融合、全面合作。

苏州产教融合则另有特色，苏州2014年颁布了省内首个校企合作规范性文件——《苏州市职业教育校企合作促进办法》。近年来，苏州大力推进产教融合，着力推进产教深度融合，拥有现代物流、现代装备制造等16个市级专业性职教集团，拥有高职院校17所、中职学校25所、技工学校13所。

德国"双元制"一直以来被视为职业教育成功模式的典范，因此苏州积极引进"双元制"。德国工商行会（AHK）、德国手工业行业（HWK）共建了培训中心和认证基地，打造典型的"双元制"职业教育体系。如苏州健雄职业技术学院施行"双元制"，学生在学校是学生和学徒，在企业是员工，接受全方位职业技能培训、指导和训练。此外，"双元制"培训平台是促进职业教育培训开展有力助手，2001年中德两国政府签约成立"太仓德资企业专业工人培训中心"，学员培训合格后拥有三种证书：德国专业技术工人等级证书、中专学历证书、中级技术工等级证书，三位一体的证书体系，保证了学生的质量和素养。

重庆产教融合更注重"教育内涵"，近年来重庆出台了《关于深化产教融合的实施意见》、《重庆市教育事业发展"十三五"规划》、《重庆市科教兴市和人才强市行动计划(2018-2020年)》等文件，支持职业教育推进产教融合。一方面从政策入手，主打在财税、土地、金融政策等方面的支持，财政性职业教育投入年均增长5.3%，2018年达到86亿元；另一方面支持"双师型"教职人员的培养，推进"双千双师"交流计划，职业学校"双师型"教师数量累计达1万余人。典型案例如重庆工业职业技术学院，围绕"一带一路"，实现深度融合，与德国、澳大利亚等30多个国家和地区开展了150余项合作。重庆目前拥有高职院校40所，在校生30万人，教职工1.9万人；拥有中职学校183所，在校生近40万人，教职工2.3万人；并拥有培训机构1100余个，年培训量近230万人次，初步建立了职业教育体系。

总之，产教融合的地方性经验是产教融合推进的有力抓手，产教融合是职业教育发展的必然趋势，是实现产业与教育双赢的必要路径。当前校企合作的内容有必要进一步深化，从校企合作走向产教融合。产教融合的路径不仅要深化校企合作，更要进一步推广地方性有益的职业教育实践，助推职业教育转型。

### 3.本科职教：职业大学初出茅庐

2019年上半年，相关部门大刀阔斧的推进职业教育的发展。是时，职业教育规模至2019年年招生规模约369万人，高职院校1418所，招生人数占整个高等教育人数的46.63%。鉴于职业教育近数年的发展，我们可以归纳出职业教育的诸多弊病。诸如，在社会上，职业教育被扣以"末流教育"的标签，被标签化——"差生教育"、"坏学生的无奈选择"等。在企业里，招聘市场流传着这样的段子，依据学历划分三五九等：一流985、二流211、三流普本、四流专科、不入流者职专。不得不说企业用人对学历的热衷远超过对人才的渴求。

逃过了职场风云，社会险恶，也躲不了左邻右舍，在生活中，我们存在收入鄙视链、学历鄙视链、职业鄙视链、企业鄙视链，鄙视链条无所不在，像一条无形的枷锁，勾连着我们每个人的日常生活与交往。因此，改变鄙视链的生态的必然环境，则至关重要。职业教育的"认识流"，即是李普曼在《舆论》中提到的刻板印象。为此，彻底改变职业教育的非积极形象有赖于职业教育的升级。即一种核心问题：改变专科教育的职业教育形象，构建本科职业教育的雏形。

日前，我国教育部开始了职业本科的试点，即将职业学院更名为职业大学，并设立本科职业教育。如前所论述，自我国职业教育与高等教育并列发展以来，职业教育的层次设定在专科，如中专、大专，无本科乃至研究生层次的高等学历教育，因而职业教育在社会、企业中的认可度比较一般。若将"职业专科"升格为"职业本科"，建立职业大学，一切拦阻职业教育发展的问题将迎刃而解。在德国，有一半左右的国民接受职业教育，而在我国这个比例远不能及。

| 学校 | 层次 | 更名后 |
|------|------|--------|
| 广西城市职业学院 | 本科 | 广西城市职业大学 |
| 泉州理工职业学院 | 本科 | 泉州职业技术大学 |
| 山东外事翻译职业学院 | 本科 | 山东外事职业大学 |
| 山东凯文科技职业学院 | 本科 | 山东工程职业技术大学 |
| 周口科技职业学院 | 本科 | 河南科技职业大学 |
| 陕西电子科技职业学院 | 本科 | 西安信息职业大学 |
| 山东外国语职业学院 | 本科 | 山东外国语职业技术大学 |
| 广东工商职业学院 | 本科 | 广东工商职业技术大学 |
| 海南科技职业学院 | 本科 | 海南科技职业大学 |
| 江西软件职业学院 | 本科 | 江西软件职业技术大学 |
| 南昌职业学院 | 本科 | 南昌职业大学 |
| 成都艺术职业学院 | 本科 | 成都艺术职业大学 |
| 广州科技职业技术学院 | 本科 | 广州科技职业技术大学 |
| 重庆机电职业技术学院 | 本科 | 重庆机电职业技术大学 |
| 陕西电子科技职业学院 | 本科 | 西安信息职业大学 |

**图 5 新增本科职业教育院校（来源：蓝粉笔）**

据悉，此次首批职业本科学校试点共有 15 个，山东有 3 所，广东、江西有 2 所。上图为教育部同意更名并升格为本科层次院校的职业学院。"职业教育和普通教育是两种不同的教育类型，具有同等重要的地位"。随着各行各业对技术技能人才的需求越来越紧迫，职业教育的重要地位和作用越来越凸显，本次职业院校升格为职业大学其后的寓意不言而喻。部分试点院校率先从专科职教跨越到本科职教，不仅拉开了职教升格的序幕，也开启了职教社会形象颠覆的时代。职业教育在时代的注视下，完成了一次成功的逆袭和自身的再定位。本科层次的职业教育将彻底摆脱"二流教育"、"断头教育"的帽子，助力职业教育向更高层次迈进，显而易见的是直接提高了毕业生的社会竞争力和社会认可度，职业本科带来的提升，将随着时间的推移而进一步显现。

## 4.观察职教：舆论与法律的视角

1985 年，中国实行改革开放后的第八年，GDP 增长速度高达 13.4%。随着经济的飞速前进，中华大地万物复苏。同年中国开始引进德国"双元制"职业教育体系，并在 6 个城市全面开展职业教育试点。四十年沧海桑田，职业教育规模与日俱新[9]。如今，在中等职业教育和高等职业教育全面发展的基础上，我们已经拥有了 1423 所高职院校和 1.02 万所中职院校，可以说，我国职业教育的框架基本建成。但职业教育发展多年，仍旧面临一些重大的现实问题，主要集中在三个方面：招生、经费和上升通道。从国家教育发展的大趋势来看，职业教育入学人数连年下降；从招生规模上看，职业教育规模在萎缩，只占高中阶段招生总量比率的 40%。据《2018 年全国教育事业发展统计公报》显示，中等职业教育学校上年减少 442 所，下降 4.14%；招生 557.05 万人，比上年减少 25.38 万人，下降 4.36%；在校生 1555.26 万人，比上年减少 37.23 万人，下降 2.34%。

从经费拨付上来看，"十一五"期间，国家投入 100 亿进职业教育。此后，职业教育与高等教育的投入泾渭分明，2018 年国家拨付教育资金为 12013 亿元，与之形成鲜明对比的是高等职业院校经费为 2150 亿。职业教育占了近一半的人数，获得资金却仅为 1/6，教育经费减少严重限制了职业教育质量的提高。

从当前职业教育发展的状况来看，概括地说，当前职业教育学校数量多、招生人数多，但没有高质量、高水平的职业院校出现；职业教育暂时还无法像德国一样承担助推国民经济增长的任务，普及性、专业性水平都相对较低；教育经费问题是限制职业教育实现质变的主要因素，不足的教

---

[9] **职教被忽视的视角：舆论、法律与融合** [EB/OL]. 蓝粉笔
https://baijiahao.baidu.com/s?id=1641962076346513947&wfr=spider&for=pc

育经费与庞大的学校规模之间的矛盾不可调和。综上，我们看到了职业教育发展的主要制约因素，因为上升通道的欠缺，导致考生不愿报考、社会地位式微。加上捉襟见肘的教育经费，从而导致职业教育招生吸引力每况愈下。好的生源无法获取，招生的指标无法完成，进而导致了职业教育的质量长期以来上不去的硬伤。

因此，发展职业教育不仅仅是扩招、拨经费和本科升格，更重要的是直指教育的核心——人的培育。职业教育的发展要优先保质再提量，优质的职业教育，是再造职业教育社会形象的必要保障，也是为社会经济提供坚实基础的保障。如何提高职业教育的质量，却是一道摆在广大职教人面前的沟壑。解决职业教育的质量问题，任重而道远，校企合作、顶层设计、专业设置等方面是直接影响职业教育发展的因素，有立竿见影的效果。而我们则应立足职业教育长远的发展着眼，分析长期以来被忽视的职业教育发展的灰色地带因素。

第一，舆论宣传。职业教育长久以来在社会形成"末流教育"和"坏孩子教育"的口碑形象。当务之急，势必要继续加大媒体宣传，从职业教育的方方面面问题入手，以舆论掀起改革的呼声，将国家改革的文件和精神传递到每一个社会角落。通过舆论宣传让我们知道，职业教育是与普通教育可以是相提并论的教育类型。我们不应该以"有色眼光"来看待职业教育的社会地位、作用和影响。因此，舆论宣传的正向引导作用，有利于在全社会形成职业教育发展的良性土壤，推进各项具体的改革措施。

第二，法律保障。职业教育的发展依赖于法律保障措施的积极施行。以德国职业教育为例，依次出台了1968年《职业教育法》、1972年《企业法》、1976年《联邦青年劳动保护法》、2015年《联邦职业教育法》等一系列法规的保护下，德国构建了完备的职业教育体系。自我国引进德国双元制职业教育以来，仅有一部1996年《中华人民共和国职业教育法》，长期以来，法律保障措施的缺位，使得职业教育难以形成稳定性，为招生、就业、培养等方面提供强力的支持。

第三，产教融合。产教融合是职业教育发展的大势所趋。与校企合作相比，产教融合是更长远的目标，校企合作是直接沟通学校与企业，产教融合则包括校企合作的方式。产教融合主张将产业与教育的融合，以产业推动教育的革新，实现教育与市场的全面对接。一方面企事业为教育提供资金和经验，另一方面教育为企业提供人才和技术支持。

职业教育的发展不仅要看到明显的制约因素，更应看到潜藏在角落里长期影响职业教育发展的因素，如社会舆论、法律制度等。虽然产教融合一再被提及，但仍不如校企合作深入人心，因此撼动"人心中的大山"才是当务之急。

# 第三章 产教融合市场全面观察

# 第一节 政策与劳动力市场前瞻

## 1.政策支持力度空前

改革开放后的 30 年，我国经济取得了较快的发展，但是由于在国际劳动分工中我国处于产品生产的末端，职业教育在科技知识的转化上作用还不明显。职业教育壮大了我国中低层次的技术人才，但是随着科技的不断发展，我国在国际产业地位逐渐上升，中高层技术人才的培养在职业教育中表现出脱节和不适应的情况。截至 2017 年，我国共有本科院校 1243 所，专科 1388 所，普通高中 13947 所，职业高中 1067 所，普通初中 51894 所，职业初中 15 所。从在校生人数占比情况看，普通教育占比(76%)远高于职业教育(24%)，其中高等教育阶段职业教育占比约 40%，中等教育阶段职业教育占比约 19%。2018 年后职业教育被提到前所未有的政策高度，2018 年 11 月，国务院专门设立国务院职业教育工作部际联席会议制度，联席会议由教育部、发展改革委、工业和信息化部、财政部、人力资源社会保障部、农业农村部、国资委、税务总局、扶贫办 9 个部门和单位组成，教育部为牵头单位，国务院副总理孙春兰为召集人。高级别的联席会议制度有利于部委之间的协调分工，充分体现了国家对职业教育的重视程度。

2019 年 2 月，国务院印发《国家职业教育改革实施方案》，制定了具体指标:到 2022 年,职业院校教学条件基本达标,一大批普通本科高等学校向应用型转变,建设 50 所高水平高等职业学校和 150 个骨干专业(群)。建成覆盖大部分行业领域、具有国际先进水平的中国职业教育标准体系。企业参与职业教育的积极性有较大提升,培育数以万计的产教融合型企业,打造一批优秀职业教育培训评价组织,推动建设 300 个具有辐射引领作用的高水平专业化产教融合实训基地。职业院校实践性教学课时原则上占总课时一半以上,顶岗实习时间一般为 6 个月[10]。"双师型"教师(同时具备理论教学和实践教学能力的教师)占专业课教师总数超过一半,分专业建设一批国家级职业教育教师教学创新团队。从 2019 年开始,在职业院校、应用型本科高校启动"学历证书+若干职业技能等级证书"制度试点(即 1+X 证书制度试点)工作。2019 年 3 月 5 日,李克强总理在全国人大上进行了政府工作报告,其中数次提到教育;3 月 16 日发布的《政府工作报告》又对教育相关的表述进行了 10 处增补,篇幅显著超过往年,并且把"职业教育"从"教育"部分中单列出来,放到"就业"部分,而且篇幅同样远超往年,表现出政府对职业教育极强的关注度。

### 2.劳动力结构性失衡

劳动供需缺口扩大,职位空缺与求职者的比例呈现上升趋势。尽管近年来中国职业教育行业的收入及培训人次稳步增长,但中国的劳动力市场仍缺乏熟练的技术人才。目前中国劳动力市场存在相当大的不匹配、缺乏熟练技术人才的结构性问题。根据人力资源和社会保障部相关数据,职位空缺与求职者的比例呈现上升趋势,从 2013 年的 1.09 增至 2017 年 1.16。根据弗若斯特沙利文报告,2022 年职位空缺与求职者的比例预计会进一步

---

[10] 国务院印发《国家职业教育改革实施方案》[EB/OL]. 新华网
http://www.xinhuanet.com//politics/2019-02/13/c_1124110663.htm.

增至 1.20。根据国家统计局的资料，劳动年龄人口总数从 2013 年 10.05 亿人减至 2017 年的 9.98 亿人，主要受中国人口老龄化的驱动。根据弗若斯特沙利文报告，劳动年龄人口总数预计在 2022 年将进一步减至 9.93 亿人，这导致劳动力市场供应减少。此外，中国持续的城市化趋势及产业升级对国家劳动力带来更多的挑战及更高的要求。

劳动力市场的完善和发展是中国经济持续稳定增长的重要基础。近年来，中国劳动力市场已经进入了一个新的关键阶段。劳动力市场的供给发生变化。针对未来劳动力供求变化趋势，国内存在"劳动力短缺论"和"劳动力供大于求论"两种截然不同的观点，不管哪种观点正确，可以肯定的是，由于人口转变的快速完成，中国人口已经进入低生育、低死亡、低增长阶段，人口发展和劳动参与率变化趋势决定了后人口转变时期劳动年龄人口和劳动力供给必将发生明显变化，这种变化既表现为劳动力规模的变化，也体现在劳动力供给结构的变化。其次，农村劳动力转移进入一个新时代。中国的农村劳动力转移不仅受制于宏观经济发展形势，更面临着特殊的制度约束，这决定了农村劳动力转移呈现较强的波动性。但是，由于农村人口发展态势的变化，一系列惠农政策的实施和新农村建设的开展，农民工劳动力市场开始从"需求主导型"向"供给主导型"转变；同时，新生代农民工成为农村劳动力转移的主体，这个群体具有与老一代农民工不同的经济社会特征和行为，面临不同的经济环境与就业环境，其劳动供给行为将对农村劳动力转移和城市就业形势，乃至社会经济发展产生重大的影响，就业形势将更复杂。

当前和未来中国就业形势不仅面临劳动力规模问题，而且面临劳动力结构的挑战，结构性失业问题将更突出，就业与经济增长的关系也日趋复杂。此外，国际经济形势也将加大影响中国就业形势，人力资本提升和效能发挥更显重要。在经历了 40 多年高速经济发展以后，中国经济面临着如何保持持续增长的重大问题，而就业问题又显得异常的重要。

# 第二节 徘徊的发展与潜力巨大的市场

## 1.职业教育发展阶段

（1）中职起步建设阶段（1978-1995 年）

1978 年，大力兴办中等职业院校，中职院校数量（不含技工学校）从 1978 年的 2760 所增长到 1995 年的 22072 所，在校人数也从 213 万人增长到 1230 万人。中等职业教育的发展服务了我国改革开放以投资拉动增长的经济布局，为市场经济的发展提供了大量基础技能型劳动力，满足了工业化过程中劳动密集型产业对大量标准化劳动力的需求。

（2）中高职体系化发展阶段（1996-2009 年）

1996 年《职业教育法》颁布和实施，我国开始大力发展高等职业教育，独立并明确高等职业教育的地位，鼓励多渠道和多模式来发展高职。国家 1994 年开始建立高职，高职高教校数量也从 1995 年的 410 个增长到 2010 年的 1246 个，在校人数也随之从 127 万人增长到 966 万人，初步完成规模化发展。随着改革开放的进一步推进，我国工业化水平明显提高，第三产业不断发展，日益成为经济增长的新引擎，中等职业教育越来越无法满足社会发展需求；同时，90 年代国企改革以及三次经济危机也使得国家改变了对人才类型的需求偏好，开始加快培养大批技能型紧缺人才，尤其是高技能人才，以满足企业的人才需求。

（3）多层次多元化探索阶段（2010-2017 年）

在多元化探索阶段，中职高职衔接，在校生人数从 2010 年的 2237 万人下降至 2017 年的 1593 万人，与高职逐渐趋近；而由于高校的不断扩招，大学生人数从 1978 年的 228 万攀升到 2017 年的 3500 多万，职业教育地位不断下降。这一时期，国家在鼓励在职业教育与普通教育相互沟通，体现终身教育理念，以及发展产教融合、校企合作、社会力量办学方面做了多方政策尝试，但是效果甚微。一方面职业教育和产业端结合不够，以促进校企合作的行业职业教育教学指导委员会为例，大部分委员为退休干部和中高职退休校长等，对企业的人才诉求和相关核心利益的认知有限，导致产教融合效率低下。另一方面，在顶层设计上，教育端与劳动端没有打通，负责职业教育的两个监管部门——教育部和人社部各自为政，分别拥有各自的学徒计划，职责联系与划分不明确。

## 2.学历与非学历职教

从学历职业教育来看，我们国家的职业框架制度大致可分为中等和高等职业教育，总在校学生数为3398万人。中等职业教育主要涵盖四大类细分教育形式，即普通中专教育、职业高中教育、技工学校教育和成人中专教育。其中普通中专、成人中专、职业高中受教育部主管，2017年整体在校人数为1254万人，占整体学历职业教育在校生数的37%；中等技工学校受人社部主管。中等职业教育大多为公办学校，学生享受国家免学费政策。高等职业教育主要涵盖四大类细分教育形式，即高职高专、应用型本科、高级技工学校和技师学院。其中高职高专、应用型本科受教育部主管，2017年整体在校人数约为1804万人，占整体学历职业教育的53%；高级技工学校和技师学院学校受人社部主管。中等技工学校、高等技工学校和技师学院，2017年技校整体在校人数约为338.21万人，占整体职业教育的10%。

预计2020年我国学历职业教育市场规模保守估算3800多亿，市场上统计学历职业教育市场规模常用财政拨款教育经费数据为依据。市场的最终"客户"是学生，学生花费*学生规模计算市场规模更为合理，财政教育经费仅是减轻学生负担，是属于学生间接花费，学生自主开销并未计算。

学生规模超 2500 万。

汇总中等职业教育在校生规模和高职高专在校生规模，2018 年中等职教在校生规模为 1551.84 万人，同比基本持平；高职高专的在校生规模持续上升，2017 年为 1104.95 万人，根据最新的政策要求，高职预计 2019 年再扩招 100 万，预计总数将超过 1200 万，汇总中等职教和高职高专在校生规模 2656.79 万人。

学生花费方面，由于公立学校的生均教育经费较高，学生每年缴纳的学费和其他费用不能完整的表述学生的实际花费，而民办院校的生均教育经费相对更少，收费更为市场化，采用民办院校的单个学生费用来代表学生花费。通过采集在香港上市的民办高校学费和住宿费做大致估算，学历职教的单个学生每学年学费加上住宿费轻松过万，而且每 2 年左右会有 10% 左右的上涨，假定单个学生花费 14000 元，学历职业教育市场规模保守测算 3625 亿元，考虑中等教育招生微降，我们估算学历职教的在校生规模为 2500 万，单个学生的花费保守估算为 1.45 万，可以测算出学历职教的市场规模可达 3625 亿元。尽管学历职教市场规模数千亿，但是其学校性质绝大多数以公办为主，费用以国家财政教育经费支持为主，真正的市场化经济规模数据来自民办部分，市场大小与民办院校数量规模有关，而民办高校增长逻辑来自于招生和并购。

非学历职业教育市场规模可超 4000 亿。各细分赛道市场规模测算合并，我们将三大非学历职教内各主要赛道拆分，并做简易假设测算，可知招录类市场主要赛道市场规模合计超过 700 亿，主要赛道是公考和升学考试(考研等)；资格证书类考试的次数较多，需求相对更弱，人数多但是参培率和单价相对更低，合计规模有限；技能类培训的人数多，人才市场缺口大，参考中国东方教育招股书中数据可知赛道合计规模过千亿。预计整个非学历职教市场规模 2022 年将达到 4191 亿元。[11]

# 第三节 集团化办学与在线教育探索

## 1.集团化办学扩张

职教学历教育在学校牌照发放、学额发放、专业设置等供给指标上具有明显的计划经济特点，学校自主权较弱。根据教育部相关数据，2016 年民办本科院校共 424 所，其中独立学院 266 所，民办高职(专科)院校 317 所，民办中职院校共有 2115 所(其中普通中专 823 所成人中专 119 所，职高 1173 所)，民办高校 CAGR(08-16)为 1.87%，民办中职学校 CAGR(08-16)为-5.17%，增长受限。高职和本科高校的招生审批主管单位层级较高，在省教育厅及以上。根据教育部文件，2016 年起将分地区、分部门所属高校普通高职(专科)招生计划审批权下放至省级主管部门，研究生和普通本科招生计划审批权继续由发改委和教育部共同实施。省属中职学校的招生计划审批较为灵活，进一步下放到区。

专业设置上，职业教育学校设置专业均实行备案或审批制，高职专业需到省级教委备案，中职专业需地市级以上主管部门核准省级教委备案。综合供给端特点，职教学历教育新牌照申请难度较大，并购整合存量牌照将是扩张的主要方式，而牌照稀缺性特点决定了并购门槛将会比较高，进而对资本依赖度较大。并购行为风险和机会并存，高校并购带来的业绩增

[11] 2019 年中国职业教育的学历职业教育、非学历职业教育发展现状及职业教育发展趋势分析[EB/OL].中国产业信息

http://www.chyxx.com/industry/201910/795560.html

厚确定性较高,而中职院校投后管理难度大。民办高校普遍生源充足,而民办中职教育整体存在招生不足的问题。2016年教育部相关数据显示:民办普通本科在校生数389.59万,民办普通专科在校生226.61万,民办中职在校生184.14万(普通中专96.03万、成人中专21.46万、职业高中66.65万)。民办普通高校的平均在校生为8317人,生源充足;而民办中职的平均在校生为871人,达不到中职院校1200人的基本办学规模要求,生源不足。我们认为相对于大学牌照,并购中职牌照后面临的运营管理难度较大,因此母公司的既往学校运营经验和招生能力对后续运营和业绩释放显得尤为重要。

行业集中度较低,未来整合空间大。上市公司并购热情高,偏好高等院校,而对中职院校较为谨慎。截至2019年底,已有17家教育公司(包含高教、职教业务的)成功上市或排队(其中港股占14家),其拥有2016/2017学年高教(应用型本科、高职专科)在校生31.51万人,以民办普通高校在校生为基数,GR(5)为3.79%,GR(10)为5.60%,集中度较低;拥有2017/2018学年在校生40.93万人。而上市公司体内中职学校资产较为薄弱,2016/2017学年中职在校生4.09万,2017/2018学年则为3.88万,同比减少4.56%。另据Wind数据,4家公司上市后自2017年12月2019年12月共发生8起并购案,涉及各类学9所,涉及2017/2018学年在校生11.57万(不完全统计),并购较为频繁。综合来看,上市公司偏好于收购和扩建高校,对中职学校资产并购较为谨慎。上市公司未来集中度提升空间较大,主要通过跑马圈地收购高等学校,快速突破单一校区增长瓶颈;通过扩建校区、提升满员率、收费提价、增加服务性收费项目等内生增长路径缓慢增厚业绩、做强品牌。

行业整体享受业绩增长和估值提升带来的戴维斯双击效应,上市龙头公司业绩持续释放能力被持续看好。汇总10家涉及职教业务上市或拟上市的港股公司业绩,收入中值/均值为4.69/5.40亿,归母净利润中值/均值为2.30/2.28亿,CAGR(15-17)13.11%,CAGR(15-17)34.53%,体量较大且业绩持续向好，PE 中值/均值为 38.04/37.76。上市公司具有高毛利率、高净利率、低费用率特点，整体计算 2017 年财年销售毛利率 54.02%，净利率 42.12%，销售费用率 1.63%，行政开支率 8.23%。未来职教学历教育成本端中短期面临上升压力，原因是分类登记带来的相关土地、房产成本费用上涨；费用端主要包括销售及分销成本、行政开支和融资成本，学校相对培训机构营销费用率和管理费用率较低，但并购将带来融资成本上升；收入端将呈现量价齐升，并购和内生增长带来学生人数增加，而职教学费倒挂问题将有望伴随收费市场化进程得到调整。综合下来学校资产上市公司毛利率短期有波动长期稳定向好。

## 2.在线教育回归理性

职教具有刚需和成年客户群体双重特点，较其他学龄段更适合线上化，目前互联网职教已经经过了用户规模高速成长期，市场处于从追求流量到追求变现的理性回归过程，商业模式进入市场验证期。预测未来会逐渐形成互联网职教的主流厂商，盈利模式也会逐渐确定化，清晰化。

互联网职教产业化特征明显，不同环节连接紧密，技术提供商作为底层支持技术和内容厂商和客户的链接环节，产业价值链中分羹能力较强，适合线上化且对线下操作依赖弱的特定内容提供商借力互联网市占率快速提升。不同类型的职教从线上走到线下均需要底层支撑技术。在客户需求和政策红利推动下，以教育信息化为代表的技术提供商从无到有，开拓出千亿教育信息化市场，传统教育提供商中适合线上化(比如会计、IT)的内容提供商借力互联网渗透率快速提升。而互联网思维主导的平台型厂商和缺乏内容原创性型的工具题库类型企业前景较不明朗。

互联网职教通常有以下三种模式：

(1) B2B 或 B2B2C 模式。以教育信息化企业和技术提供商为代表，特点是对渠道依赖度高，这类企业在 2016 年前处于教育信息化十年周期的政策红利期，2016-2017 年普遍处于成长的瓶颈期。2018 年教育信息化 2.0 提出后，对前期红利期催生的地域龙头有进一步分化可能。代表企业有科大讯飞、立思辰、全美在线等。

（2）B2C 模式。包括垂直内容供应商和综合内容平台型（比如 MOOC）企业，大型内容商有正保远程教育、继教网、环球网校、嗨学网等，线上线下结合的内容提供商有尚德机构、升学教育，平台型企业有顶你学堂、YY 教育、邢帅教育等。

（3）C2C 模式，主要有流量平台型企业、工具题库类企业、自媒体，代表企业有百度传课、网易云课堂、腾讯精品课、淘宝教育、砖题库、高顿网校、芥末堆教育等。

职教在线教育盈利模式多样化，但已产生盈利效应的主流厂商较为稀缺。目前具有清晰变现模式的有以下领域：（1）教育信息化企业，此类企业通常是 B2B 模式，普遍享受过教育信息化 1.0 政策红利带来的业绩爆发期，随着教育信息化 2.0 提出，后续对内容和技术升级能力决定发展空间，如科大讯飞和此类技术升级迅速的企业。（2）垂直内容提供商，如正保远程教育、中大英才、新东方网、继教网等。而数量庞大的互联网思维主导下的流量平台企业如 YY 教育、邢帅教育，以及 C2C 模式下的淘宝教育、题库、新媒体咨询下的芥末堆等主要依靠流量的广告效应等外延变现模式，客户对内容付费意愿不强盈利模式较难产生。

# 第四章 国外产教融合模式探索

# 第一节 双元制：德国经济的基础

## 1.两个重要阶段

"双元制"是德国职业教育的支柱和核心。它被世界各国视为职业教育体系的典范，其体制和机制具有高度的差异性和灵活性。"双元制"以市场为导向，以专业岗位要求为基础，企业和职业学校密切配合。为"德国制造"培养了一大批优秀的产业工人，它被誉为德国战后经济发展的"秘密武器"。20世纪60年代，联邦德国经济的快速增长推动了职业教育体系的建立。当时，职业教育管理体制将职业学校教育与企业培训分离，导致各行业培训水平参差不齐。在此背景下，政府制定了《联邦职业技术教育法》，确立了"双元制"职业教育的法律地位，促进了联邦德国职业技术教育的全面制度化。根据该法，职业技术教育包括三个部分：初级职业教育、职业继续教育和职业转移培训，主要涉及职业教育和培训合同的签订、职业教育权力的分配和落实，成立职业教育专业委员会，成立联邦职业教育研究所。该法阐述了职业培训的指导思想、政策、培训权利和责任以及组织形式。

二是20世纪90年代，德国社会、经济、政治、文化等方面的环境发生了重大变化，特别是产业结构和教育需求发生了变化。"双元制"办学模式暴露出与经济发展不适应的问题。德国职业教育根据经济结构的变化，及时调整和更新培训专业及其培训计划，修订职业培训法规，增加新兴产业的培训专业，实现职业教育的动态发展。据统计，1996 年至 1999 年，共制定和修订了 90 项职业培训法规，其中新增培训专业 34 个。这些新增的培训专业大多分布在新媒体、信息和电子通信技术等领域，1997 年 8 月，14 项新的职业培训条例开始实施，其中 4 项属于信息和电子通信技术领域。通过修订职业培训条例，增加新兴产业培训岗位，增强了职业教育的活力。

### 2.双元制的特征

（1）宏观管理机构及权限

"双元制"国家管理机构主要包括联邦教育科学部、相关专业部门、劳动和社会秩序部和职业教育研究院。联邦教育和科学部对职业教育政策的主要问题具有决策权，负责提出职业教育改革和发展计划，协调区域范围以外的重大科学研究、跨州合作等，主管联邦职业教育学院，负责制定职业教育法律法规，并颁布相关职业教育法规。

关于教师进修和就业资格的规定。农业部代表农业生产和农民的利益，经济部代表经济、商业和手工业，司法部和青年、家庭、妇女和卫生部代表司法和卫生部门，这些部门负责各自领域的职业教育培训和质量检验。根据德国《职业教育法》，联邦有关专业部门与联邦教育和科学部长有权承认或撤销某一培训职业，并负责颁布该职业的培训条例。联邦劳动和社会秩序部在职业教育领域的主要任务是预测劳动力市场和劳动力需求的变化，为促进职业培训和再就业培训提供资金，向接受过职业教育和职业培训的求职者介绍工作并提供建议，具体工作由其下属的联邦劳动局负责。联邦职业教育学院隶属于联邦教育和科学部，承担着职业教育研究、协调、咨询和参与决策的职能。

（2）决策体系

德国的"双元制"经过长期的发展，已经建立了比较完善的决策体系。联邦教育科学部、相关专业部门和劳动与社会秩序部组成校企合作决策中心，全面规划和管理校企合作。"双元制"还建立了一系列决策协调机构和决策监督机构，协调机构的作用是确保各国职业教育政策实现最低限度的统一。例如由各州主管教育、高等教育、科学研究和文化事务的部长组成的各州文化和教育部长联席会议，负责协调各州之间的政策和措施；联邦和州教育规划委员会负责制定长期和中期发展计划，协调联邦和州的计划、资金等；科学委员会负责制定促进科学发展的总体规划，协调联邦和各州的科学发展规划。监督机构对各州学校实施监督，如国务院对立法和财政计划的监督；各州、县文化教育部代表国家组织、规划、领导和监督学校；行业协会负责职业教育的监督、评估、检查和指导，负责制定各专业的层次标准、方案和培训计划，并负责职业证书的审核和颁发。

(3)各个管理主体的定位和分工

通过立法，联邦政府建立了经济部门和教育部门管理职业教育的制度，保证了联邦职业教育的统一管理。在分工方面，国家教育主管部门负责职业教育教学工作。德国经济管理部负责职业教育的监管，包括政府管理部门和行业自我管理部门两个层次。联邦经济部协助联邦教育和研究部制定并颁布国家认可的培训专业目录和国家统一的职业培训条例，规范职业教育的基本教学标准，包括年限、内容、考试等，德国劳动管理部门负责职业教育咨询，包括政府政策咨询和社会教育咨询。

(4)国家统一管理与地方自治管理有机结合

"双元制"采用联邦和州政府的宏观管理体制。在工会统一宏观管理的基础上，将办学自主权下放给各州，州政府拥有高度自治权。国家政府在职业学校与企业的合作中发挥着巨大的作用。负责职业教育的联邦教育科学部和其他相关联邦部门，如经济和劳动部与专业部，是联邦立法和协调的主管部门。他们管辖"双元制"企业职业教育，由联邦教育和研究部根据职业教育法协调和管理，企业只能按照联邦教育和研究部发布的职业目录（国家认可的培训专业）进行培训。各州文教部门和地方政府有权管理本州的职业学校，负责学校教育管理，制定并颁布符合联邦职业培训条例的《职业学校框架教学计划》，根据职业岗位的需要，制定教育大纲和教学内容。通过 16 个州的文化和教育部长联席会议，联邦政府使各州的职业教育政策协调一致。在联邦政府和州政府的框架下，第三方行业协会负责职业教育办学资格的认证、实训教师资格的认证和评估、职业培训的评估和发证，以及培训合同的登记。鉴于上述管理权限的分配，德国联邦政府、州政府和经济界建立了密切协调与合作的职业教育管理体系。首先，生产过程和学习过程应该同时进行。学生入校前应与企业签订培训合同，入校后应接受企业的实际操作技能培训，参与生产过程，同时在学校开展职业理论知识的学习过程。其次，法律法规同时规范企业和职业学校的行为。《职业教育法》限制了企业的培训，行业协会负责监督管理，根据《职业义务教育法》或各州《学校法》，各州负责组织管理职业学校；再次，教学计划和教学大纲，课程内容与职业、工作岗位相互联系，职业学校和企业培训严格按照联邦政府颁布的培训规则和教学大纲以及国家文教部制定的教学计划和教学大纲进行，培训内容紧密贴近企业生产与技术的实际现实。学生培训在很大程度上是以生产劳动的方式进行的，降低了企业和学校的成本，提高了学习的目的性。最后是职业教育体系和就业体系的二元结构，保持了培训结构和就业结构的平衡，更好地适应经济社会结构的变化。

(5)法规保障机制

"双轨制"的规制体系可分为立法权限内的议会（含州议会）颁布的法律和行政权限内的相关专业部门（含州教育部门）颁布的法律、法规和协议两部分，主要有《联邦基本法》、《联邦职业教育法》和《州学校法》，制定职业教育的个别法律法规，主要包括《培训师规范条例》、《职业教育促进法》、《青少年培训改进条例》、《职业教育促进法》等促进个人参加职业培训；培训条例和考试规则，主要包括《企业章程法》、《青年劳动保护法》、《工商联权利暂行规定》、《手工业条例》、《劳动援助法》和《社会援助法》等；有关职业教育的法律法规，主要有《工业企业职业教育基础阶段培训时间和课时计划原则》、《农业职业教育基础阶段的培训与课堂教学时间规划原则》、《国内职业教育基础阶段的培训与课堂教学时间规划原则》、《公共服务体系职业教育基础阶段的培训和课堂教学原则学习时间规划原则》等。健全的法律法规在运行机制上保证了国家从法律和政策层面对职业教育校企合作的宏观调控作用。

（6）经费筹措机制

"双元制"职业教育经费主要来自两个渠道：企业和跨企业职业培训费用大多由企业承担；职业学校费用由国家和各级政府承担。企业培训是双元制职业教育体系的主体。德国企业承担了双元制职业教育的大部分成本。企业提供职业教育经费有两种方式：直接投资和筹资，企业直接投资是主要途径。企业通过投资建立职业培训中心，购买培训设备，承担培训教师的工资和学生的培训津贴。这种方式在制造业和服务业的大中型企业中屡见不鲜。企业筹资是一种间接的投资方式，主要通过设立基金来筹集资金，可以有效平衡培训企业与非培训企业之间的竞争。职业学校的经费，由国家和地方教育机构按照岗位分配情况分担。公立职业教育学校通常由州政府承担教职工的人事费和养老金；地方学校负责校舍和设备的建设、日常维护和管理，以及管理人员的工资，也可以或多或少地得到国家政府的补贴。

德国政府用于职业教育的资金通常以法律规定的方式筹集，如《联邦职业教育法》、《促进职业培训地位扩大法》、《促进职业教育法》、《联邦劳动促进法》、《企业基本法》、《各州学校法》和《手工业条例》等。主要的措施和方法有以下集中类型，一是根据法律规定，德国所有企业必须向国家缴纳一定数额的职业教育经费，由国家统一分配。培训企业有资格获得培训资金，而非培训企业没有。一般情况下，企业可获得培训费用的 50%-80%补贴，如果培训的职业前景好，企业可以获得 100%的补贴。在联邦政府的社会经济政策范围内，德国联邦劳工局必须设立和维持职业培训岗位经费，提供失业补贴，促进职业培训，对各类职业教育机构和设施的建设提供补贴或补贴并扩大各种跨企业、跨行业的职业教育教学设施。二是设立基金，主要有三种形式：中央基金、共同基金和产业基金。中央基金由国家设立，由法律规定向所有企业筹集资金，企业按职工工资的一定比例支付。国家根据经济发展情况调整和确定比例，一般为 0.6%-9.2%；共同基金是 80 年代由代表广大职工的工会组织发展起来的一种筹资形式，来源于实施劳资协议的企业。这些企业定期向基金支付一定数额的资金作为培训费用；产业基金是为满足一个行业或产业的特殊需要而设立的，为促进该行业或产业职业教育发展而设立的基金形式，要求该行业或产业所有企业向基金支付一定数额的资金，作为该行业职业培训的共同基金的本身。

### 3.校企一体化

(1)企业培训和职业学校教育一体化

"双元制"的制度框架实现了企业培训与职业学校教育的融合。一是学生身份的融合，即学生入学时即成为企业的学徒，具有学徒和学生的双重身份；二是教师队伍的融合，由企业培训师和职业学校教师共同组成；三是整合学习场所，学生在学习期间，每 4-5 天在企业培训一次，每周 1-2 天在学校培训一次，使理论学习与实践有机结合；四是整合教学文件，德国所有企业、职业学校和培训机构应按照培训规定和教学计划实施教学。五是整合教学内容和课程，在"双元制"中，企业负责职业技能培训，按照职业技能标准进行培训，传授职业技能及相关专业知识和经验。职业学校负责专业理论教学，教授专业技能所需的一般知识和相关专业理论知识；六是整合职业教育经费，"双元制"职业教育经费由企业和国家承担。企业承担部分企业和跨企业的培训费用，联邦、州和镇政府承担职业学校的费用。

(2)企业主体性和主体地位突出

"双元制"以企业为核心，企业培训与职业学校教育紧密结合，形成一个有机整体，企业主体性主要表现在以下几个方面：一是企业拥有职业教育的决策权和管理权，如参与制定职业学校教学大纲，通过考试委员会参加职业学校毕业考试等；二是企业具有职业教育招生资格和权力，培训企业每年制定本年度受训人员的招生计划，制定就业标准和技能要求，提供培训岗位，选拔见习人员，签订合同，报州政府后登记入学；三是企业有教育教学的力量，职业教育教学主要在企业培训三年内进行，企业与学校每周教学时数的比例第一年为3:2，第二年为4:1；四是企业有责任为职业教育提供资金，"双元制"职业教育经费主要由经济共同体、培训企业、政府和公民个人共同承担，其中企业直接融资是融资的主要渠道。

(3)职业教育法律法规体系健全

"双元制"建立了《联邦职业教育法》和以此为基础的各种相关法律法规，以及各部门、行业和地方相继出台的具有法律效应的条例或实施办法，它们以法令形式保证了"双元制"的顺利实施。德国颁布的职教法规既内容丰富，又互相衔接，还便于操作。

# 第二节 多元合作：日本职教的模式

## 1.多元合作的模式

日本职业教育体系由学校职业教育、创业教育和社会教育组成，其中学校职业教育是基础和核心。学校职业教育主要包括中等职业教育、专科职业教育和高等职业教育。高中职业教育主要在日本中等职业教育的主体职业高中进行，专科层次的职业教育主要在"各类学校"和"专科学校"进行。各种学校是与学校教育类似的各种职业技术的总称，它们的专业门类广泛，涉及工业技术、商务、医疗卫生、家政服务等各个行业和社会生活的各个方面，主要讲授生产、生活和职业所需的知识和技能，使学生在短时间内能学会一门技能。"专科学校"是在"各类学校"的基础上发展起来的，属于后期中等教育的范畴，主要提供特色职业教育和培训。高等职业教育主要在高等学校和短期大学开展，高校是日本培养中高级专业人才的连接渠道，它们培训中级技术人员，专业设置与产业发展紧密结合，专业课程实用性强。短期大学是在高中教育的基础上建立起来的专业知识教育，学生毕业后能迅速进入工作岗位。

企业职业教育是日本大型企业创办的特殊教育机构，它是日本职业教育中最重要、最有特色的部分。日本各大企业基本上都有比较完善的培训体系，培训企业所需的新劳动力，提高员工素质。企业在终身就业制度的基础上，开展从就业到退休的全过程教育培训。公共职业培训由劳动部负责，旨在为求职者或转业人员提供各种技能的基本培训。根据日本《职业培训法》，公共职业培训主要包括培养、提高和发展残疾人身心能力的培训和指导员的培训。

## 2.校企合作的特征

（1）宏观管理机构与权限

日本职业教育的宏观管理分为中央和地方两个层次，实行中央指导下的地方分权制度。中央职业教育校企合作由教育部、卫生福利劳动部管理，地方合作由县教委和相应的劳动部门管理。政府对职业教育学校合作进行宏观调控和管理。文化部、教育部负责各级学校的法律法规、科研项目的立项、规划策略等，制定教学大纲。但是，实施中等职业教育的学校可以根据当地和行业的需要进行调整；卫生、劳动和福利部从社会劳动保障的角度提供就业、职业认定、医疗保障等方面的信息和指导。按照文化部的要求，日本的地方教育行政机构从实际出发开展业务和具体工作。在中央和地方管理层，还有负责推进区域教育改革和区域社会经济文化建设的教育委员会，以及企业协会、科技协会和学术协会，它们负责沟通企业、职业学校等具体工作。

（2）决策系统

日本职业教育决策机构是一种多部门组成的协会，职业教育校企合作的核心决策机构主要由教育部、科学部、卫生部、劳动部、经济产业部和内阁府组成。2005 年召开他们通过联席会议发布了《职业教育综合规划》，该计划强调了不同社会部门、教育部门、劳动就业部门和工业部门之间合作的重要性。根据《日本教育法》，所有学校都由教育部管理，除日本教育管理部门外，工业、企业、雇主组织也直接参与职业教育的决策和管理。在日本职业教育校企合作决策体系中，教育委员会、各协会和职业教育科研机构是重要的合作主体，如全国特殊学校信息教育协会，日本就业指导协会等团体参与职业教育，为决策提供信息。这些协会组织规范，管理严格，分工细致，任务明确，规则明确。

（3）工业部门协调职业教育与经济发展的关系

在日本，产业界不仅关注经济发展，也关注与经济发展密切相关的职业教育发展，大力推进职业教育与产业的合作。首先，产业直接影响职业教育政策的制定。日本产业界就不同经济发展重点、阶段和水平的职业教育培养目标、学科设置、层次结构和招生人数等问题，向职业教育行政部门提出了意见和建议。比如，20 世纪 60 年代，产业界提出加强中级专业人才培养，将企业技术人才结构与技术教育结构体系相协调，建立高中与短期大学相结合的五年制职业学院。随后，文化部于 1961 年提出《高等职业院校法》，成立了以培养中级技术人员为主的工业学院，并于 1963 年增设 17 所国家级高等院校。其次是直接参与职业教育，促进校企合作。20 世纪 50

年代以来，业界就提出职业教育是经济发展的重要支柱。

### 3.多项措施保障

（1）运行方式

日本学校职业教育与企业的校企合作主要有两种形式：计时制和函授制。他们之间的合作有三种机制：一是计时制学校与3年制企业职业培训机构和1-2年制公共职业培训机构合作。普通学校的学生也是职业培训机构的学员。他们在学习普通课程的同时学习一些专业课程。二是正规学校、函授学校和职业培训机构合作。学生在函授学校学习通识课程，在正规学校学习一些专业课程，在职业培训机构学习一些专业课程和实习。三是集体招生，企业招收初中毕业生集体就读函授学校，学校派教师到企业进行面对面的教学。

日本职业教育学校有多种类型，包括职业高中、短期大学、专科学校和各种学校。20世纪90年代末，一些著名大学也加入职业技术教育行列，培养"高级专门人才"。学校职业教育在办学体制、培养模式、专业设置上不求统一，专业设置全面，与普通教育、高等职业教育、继续教育相互衔接，形式多样、灵活。

企业职业教育有两种形式：全日制教育和普通教育。这种厂校合作教育有三种形式：企业内的职业培训机构和公办计时高中共同制定教学计划，分担培训任务；企业委托公办计时高中开展教育培训，企业提供设备设施；企业自办民办高中，通过自编的教学计划把企业培训和高中教育结合起来。通过学校与企业的紧密合作，提高员工的水平。大型企业根据企业实际情况，建立职业技术教育体系，根据职能和班级制定具体教学计划，有针对性、有计划地开展职工职业教育培训。一些中小企业由于财力、物力有限，普遍采取校企联合办学的方式，保证企业职业教育的顺利实施。企业职业教育具有多元化、全员参与、终身化的特点：一是教育形式多样化，可以通过在职培训、脱产培训、自我启发培训等多种方式进行；二是实施范围是全员参与；三是教育时间是终身的，因为日本企业是终身雇佣制，员工的培训是从进厂到退休。

（2）法律保障机制

为适应经济社会发展的需要，日本政府在各个时期制定了一系列职业教育法律和政策，并采取了具体措施，不断改善职业教育学校与企业的合作，形成比较完善的法律保障机制。20 世纪 40 年代，日本颁布了《教育基本法》和《劳动标准法》两部职业教育基本法，这两部法律法规明确了职业培训的地位和目的，规定了职业培训的标准。在《基本法》确立的原则框架下，通过制定和颁布一系列起到协调和完善作用的法律，开展职业教育，并据此开展职业教育管理。1958 年，日本政府制定了企业培训标准，建立了技术鉴定制度，并以法律的形式将企业职业教育确定为国家政策，从而完善了企业职业教育体系。职业教育校企合作的法律应当包括《工业教育振兴法》、《职业教育法》、《学校教育法》、《社会教育法》、《职业培训法》。

# 第五章 天坤产教融合的理念

# 第一节 打造职教全产业链

天坤古蔺职业高级中学是天坤国际教育集团 PPP 理论下实现 TOT 托管的第一所职业教育院校，是《国家职业教育改革实施方案》出台以来，职业教育"校企合作"的典范。

"长风破浪会有时，直挂云帆济沧海"，在 2009 年，在当时职业教育尚在匍匐前行之时，我们就看到职业教育对于中国社会、教育和经济发展的战略价值，毅然决然地投身职业教育事业之中，将职业教育作为天坤发展的基石。我们在全国率先开创"职业教育托管输出"模式，并成功创建天坤古蔺职业高级中学。经过三年的探索和实践，我们将"托管"模式升级为"PPP 理论下的 TOT 合作办学模式"，并陆续创建天坤京山职业技术学校、天坤皖北经济技术学校等，目前已携手全国近 30 余个地方政府，创建近 30 所 PPP 合作中等职业学校，已成为中国中职领域品牌连锁规模最大的职业教育品牌。同时天坤教育也通过多种方式和模式大力发展校企合作、现代学徒制、产教融合、学院共建、职业培训和实习就业等职业教育内容和产品。时至今日，天坤教育早已从单一的中职合作办学管理品牌，发展成为涵盖职业教育投资、合作办学、专业共建、技能培训、实习就业和职后服务的职业教育全产业链服务品牌，并跻身全国大型职业教育集团前列。

"十年树木，百年育人"，天坤教育发展的十年，也是改革创新的十年，这十年中，我们始终坚持"发展是第一要务，人才是第一资源，创新是第一动力"的战略理念，始终坚持"职业教育+人力资源"双轮驱动的发展战略，始终坚持"在发展中创新，在创新中发展"的工作方法，在职业教育发展实践中开创了诸多第一：全国独创"职业教育+实习就业+职后发展"人才终身服务模式；全国率先完整布局职业教育服务全产业链；全国首创"定制化培养+结构化供应"产教融合人才供给模式；率先建设"职业教育+互联网"产教融合路由器；全国开创并引领"PPP 理论下 TOT 合作办学模式"；全国首创"互联网+实习就业"职教实习就业线上线下一体化服务模式；行业内率先提出了"一年成效、两年成果、三年成型"的天坤速度。正是天坤人这种"敢干、实干、苦干"的工作态度，正是天坤人始终秉持"自强不息、厚德载物"精神，天坤教育才得以在短短十年时间内，发展成为中国最大的中等职教连锁品牌、中国最大的农民工技能培训集团中国最大的德国双元制办学品牌、以及中国最大的中高职实习就业服务平台。

"大鹏一日同风起，扶摇直上九万里"，天坤教育的下一个十年，正值中国职业教育发展进入"黄金期"。"发展职业教育，我支持你们"，"切实把职业教育摆在更加突出的位置"，2019 年初国务院发布《国家职业教育改革实施方案》，明确了"职业教育与普通教育是两种不同教育类型，具有同等重要地位"的战略定位，提出了职业教育改革发展的总体要求、总体目标和具体指标与措施。随后国家陆续出台"普职比大体相当"、"职业教育招生扩招 100 万"、"1000 亿用于职业技能提升"等多项具体的政策和要求。在这样一个重大历史机遇面前，天坤教育必须抓住机遇，深化创新，努力奋斗，开创天坤教育下一个十年的新篇章。天坤教育将在"打造行业领先、国内一流、世界有影响力的教育品牌"的目标指引下，在以下几个方面持续深化、创新、发力，打造中国职业教育改革创新典范：

第一，继续坚持"以中职合作办学为特色，打造职业教育全产业链服务"的发展战略，持续做大规模，努力打造中国职业教育产业航母。未来五年，全集团将围绕"规模化"持续进行投入，通过自建、混合所有制、合作等多种方式，力争实现中等职业教育 PPP 合作办学规模达到 100 所、高等职教办学规模突破 100 所、技能培训基地达到 100 所、职后培训学校达到 100 所、战略合作院校突破 2000 所的发展目标。在全国率先打通并建立"上游蓝领人才供应+中游蓝领人才服务+下游蓝领人才后市场"一体化的蓝领人才服务生态链。

第二，继续坚持"以职业教育内涵建设为中心，打造先进的职业教育管理和教育体系"的发展目标，持续做强质量，努力打造中国职业教育高质量发展新标杆。未来五年，全集团将在现有教育管理成果和经验基础上，持续加大对学校管理、专业教学、职业素养、教育技术、师资培养、教学管理、实习就业、教学科研、国际交流共九大领域的投资，并应用大数据、人工智能和区块链等智能技术打通学校端、教师端、学生端三大场景，建立技术、产品、内容、平台四位一体的"天坤职业教育智能大数据平台"。

第三，继续坚持"以建设产教融合路由器为目标，打造中国职业教育互联网平台新高地"，持续做大平台，努力打造中国产教融合示范基地。未来五年，全集团将以大数据为驱动，以产业化互联网为依托，打通职业院校和 500 强企业之间的链接，实现需求共享和培养赋能的互动共赢。通过德国双元制、现代学徒制和产教融合等内容平台，聚焦智能制造和大旅游大健康两大专业群，实现精准的定制化人才培养和结构化供应，打造中国规模最大的产教融合数据化服务平台，率先在全国建立规模化的职业教育智能服务平台。

第四，继续坚持"立足中国，放眼世界的全球化战略，打造一带一路职业教育国际化品牌"。未来五年，全集团将在一带一路沿线国家，以建设技能培训基地与职业教育合作办学等方式，将天坤教育的成功经验进行创新复制，为中国企业走出去提供高素质蓝领人才，同时加大国际交流力度，通过多种灵活方式与国外职业院校进行战略合作，打通中国职业院校与世界职业院校的交流与提升通道。

第五，继续坚持"资本化发展战略，借力资本市场，打造管理规范的公众化职业教育产业集团"，持续做大产业竞争力，努力打造行业领先、国内一流的职业教育产业集团。全集团要抓住职业教育的重大产业机遇，与全国知名的职业教育领域的战略投资者紧密合作，在资本的赋能推动下，做大教育规模，做深教育壁垒，做强教育内涵，力争在 3-5 年时间实现天坤教育的独立挂牌上市，实现天坤教育的跨越式发展。

# 第二节 产教融合路由器

2019 年 2 月 13 日国务院发布《关于印发国家职业教育改革实施方案的通知》（以下简称职教 20 条新政），企业首次被确立为职业教育的办学主体，鼓励社会资本投资兴办职业教育。这一新表述引发资本市场的热烈反馈，2019 年 2 月 14 日 A 股、港股教育板块集体大涨，包括开元股份、世纪鼎利、洪涛股份、港股新华教育、民生教育等职业教育相关上市公司均全线飘红。2018 年教育类成为资本市场热点后，2019 年正式成为职业教育资本元年。

**企业成办学主体或改变投资格局**

职教 20 条新政的靴子落地，让原本关注度有限的职业教育站上"超级大风口"。

我国的职业教育起步于 20 世纪 80 年代，大大晚于国外职业教育，1980-2000 年国内职业教育开始起步，集中于非学历职业培训，呈现"小而散"的特征；2000-2010 年，职业教育开启市场经济进程，达内、新东方厨师、蓝翔技校等品牌开始崛起并快速规模化成长；2010 年以后，随着汽车维修、厨师培训等中等职业培训行业进入饱和式增长，以公务员、事业编、IT 类、财会类、金融类为代表的高等职业培训迅速增长，职业教育集团大量涌现。受制于政策影响，职业教育的资本化进程一直进展缓慢，2014 年以前，仅有北大青鸟为代表少数老牌培训机构进入资本市场，2014年后受市场刚性需求、移动互联网和上市潮影响，包括达内教育、邢帅教育等民营培训机构进入资本进程。2017年国家出台了《关于深化产融结合的若干意见》，职业教育政策开始明晰，2018年《民促法（修订草案）（送审稿）》的落地为职教领域扫清了资本证券化的障碍；随后尚德教育挂牌纽交所、中公教育借壳登陆A股、东方教育登陆纽交所引发资本热潮；2018年11月15日《学前教育新政》出台，民办幼儿园一律不准上市，资本开始转向，职业教育正式成为风口。随着职教20条新政靴子落地，正式确认企业为办学主体，2019年便成为职业教育爆发年。

### 非学历职教火热学历职教市场可淘金

职业教育可以分为学历和非学历教育两种，学历教育即中职和高职，非学历教育则按照付费客户群体，分为企业教育（2B）和个人教育（2C）。其中2C类产品中，再从是否属于刚需进行分类，即考证过关、职业技能培训、兴趣需求等。据国联证券研报测算，至2020年，职业教育市场规模将从2015年的4535亿元增长至2020年的6000亿元以上。其中，学历职教市场规模2020年将达到1976亿元，非学历职教市场规模2020年也将突破4000亿元。

据不完全统计，全国已组建了1400多个职教集团，覆盖了90%的高职和70%的中职学校，吸引了约3万家企业参与。2018年初至今，职业教育领域投资共计69起，其中种子轮、天使轮以及A轮占总投资数的50%。从投向来看，由于非学历教育的政策门槛较低，盈利模式更为清晰，大多数的资本投向非学历职教，相对过热。但随着职教20条新政首次明确企业成为职业教育办学主体，并提出2020年初步建成300个示范性职业教育集团(联盟)目标，学历职教市场将成为"金矿"，尽早锁定优质学历职教投资标可促"淘金"成功。

### 国有民营公助中西部连锁超 30 所

模式独特是天坤教育最大的特征。与直接投资兴办学校不同，天坤教育是采用一种称为"PPP 合作办学的模式"，即直接与地方政府进行合作，在保持"学校国有性质不变、教师公办身份不变、政府对学校财政保障不变"的前提下，天坤教育运用民营化办学机制对学校进行管理与运营。这种模式类似政府项目融资 PPP 模式中的 TOT（移交-运营-移交），一方面政府获得优质的教育管理和资源，做大做强学校；另一方面企业获得学校经营管理权，可以通过强化运营获得收益。

这种模式规避了大量的资本性"硬"投入进行开发建设，在充分利用公办学校的固有存量资产的基础上，转而以"软资产"（专业建设、师资培训、教学管理、实习就业、品牌建设等）投资做运营上的增量，从而实现充分利用现有教育资产和资源，提升效率和效益。这种模式实现了"双赢"。对政府而言，在不增加投入，无须支付购买服务成本的情况下，充分利用了外部社会资源和管理技术，提升了学校办学软实力，提高职业教育办学水平，助推地方经济发展，改善民生，创造社会效益。对企业而言，减少了重资产投入，没有成本回收压力，增强了参与政府公共服务的信心，不强调在学校获取利润回报，转而强调建设人才蓄水池，通过人才培养、输出和后市场服务，促进人力资源产业快速发展，为企业储备可持续供给的人力资源，从而获取战略价值。

这种双赢模式获得了很多地方政府的青睐，在 17-18 年的两年内，天坤教育便以 PPP 合作办学方式签约管理湖北、四川、安徽、河南、贵州和新疆等中西部地区公办中职学校近 30 所，累计运营管理学校超 30 所，专业共建职业院校 200 多所，在籍生近 10 万人，教职工 5000 多名，目前已成为中国最大的中等职教连锁品牌。

这种 PPP 合作办学模式取得成功的核心源自天坤教育母公司优蓝国际，优蓝国际是中国领先的蓝领人力资源服务集团，在全国拥有近 300 家分公司、1000 余个服务网点，年招聘服务能力超 300 万人，在印度、越南、老挝等 11 个国家开设海外分支机构，是大中华区人力资源服务品牌 100 强企业。正是优蓝国际的"职业教育+人力资源"的产业链模式，天坤教育更聚焦于"人力资源"而非"学费收入"，更注重人力资源与市场需求的对接，也就更重视学校的管理和运营，而这一点正是各地方政府所看重的。

从另一个角度来讲，天坤教育的模式真正将"产教融合"在实践中实现。长期以来，作为职业教育核心原则的"产教融合、校企合作、育训结合"均难以落地，而天坤教育母公司优蓝国际作为人力资源服务商，天生的拥有"职业路由器"属性，有强大的"人才定制开发、需求精准匹配"基因，依托这一优势，天坤教育搭建学生、学校、企业之间的大数据桥梁，通过大数据分析掌握企业对技能型人才的用工需求，及时调整专业教学内容，从而快速推行产学结合、工学结合、定向培训、订单培训等合作方式，促进人才培养模式，深化教育教学改革，为企业培养高精尖型技能人才，进一步提高与培养学生的工作技能，提高就业质量。2019 年同济大学中德职教联盟年会发布的《2019 年中国应用型人才报告》便是基于天坤国际的招聘大数据而来，从侧面可也可以印证这一点。

基于自身的学校资源，天坤教育还与纬创资通、和联集团、宁德新能源等 500 强企业合作，开设按德国双元制、现代学徒制建设的独立品牌学院，采用"订单式培养、菜单式教学、套餐式服务"的方式开展专业共建，实施双师型职业教育。从某种意义上来说，职业教育"产教融合、校企合作，育训结合"在天坤教育得到真正的实践。

无独有偶，目前天坤教育校区均处于四川、云南、贵州等中西部贫困地区，而这又同教育扶贫和就业扶贫国家政策紧密联系在一起，职教 20 条提出的"重点支持集中连片特困地区每个地（市、州、盟）原则上至少建设一所符合当地经济社会发展和技术技能人才培养需要的中等职业学校"的政策。

# 第三节 深耕合作办学领域

历来教育的发展需要政府的大力倡导、扶持与推进。当前职业教育的发展也不例外。2019 年初国家出台了支持职业教育发展的"职教二十条"，紧随其后在两会上李克强总理的工作报告中提出职业教育扩招 100 万，近日更是提出用 1000 亿失业保险基金结余大力促进职业教育发展。

引企入校，合作双赢。毋庸置疑，政府在职业教育上的认识早已突破了条条框框的限制，首先是否定了职业教育仿照普通高等教育的模式，将职业教育与普通高等教育区分，提出了职业教育发展的独特路径，并且制定了大刀阔斧的改革措施。今天的职业教育发展与企业的合作的密不可分，社会企业的作用将在新一轮职业教育发展的过程中大展拳脚。"职教二十条"提出："职业院校应当根据自身特点和人才培养需要，主动与具备条件的企业在人才培养、技术创新、就业创业、社会服务、文化传承等方面开展合作。"一方面学校能够调动学校的资源为企业提供劳动力、智力上的支持，降低企业运营成本。另一方面，学校能够借助企业的资本、技术、知识、设施、设备和管理等要素参与合作，促进学校人力资源开发和利用。

目前，企业走入学校案例不断增多，企业的先进技术、资金配套、实践场地等资源都是学校渴望而不可即的资源。反观学校，拥有充足的生源和师资力量，学校与企业融合的不断深入必定能推进职业教育完成课程建设、专业建设、师资建设、合作模式等实现产品从量变到质变的变化。先进模式，推进融合。在实际操作中，校企合作以合作模式为导向。目前校企合作中常见的方式有以专业共建为导向的实践基地建设、以人际关系为导向的学徒制、以就业为导向的订单班、以托管合作为导向的 PPP 校企合作。在实际的操作中，根据学校自身条件，发挥着积极的作用。

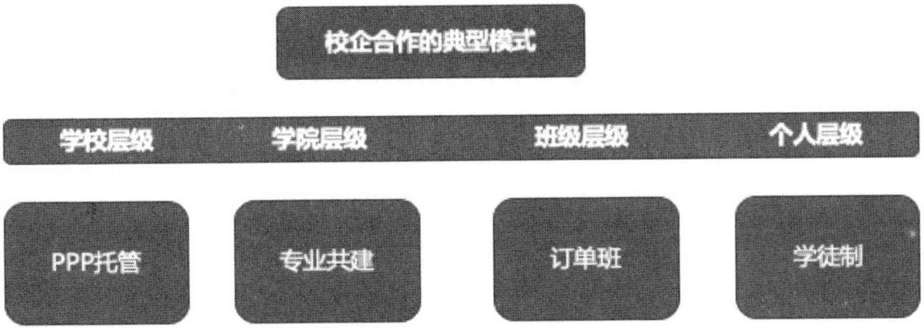

**图 6 校企合作模式（来源：作者自绘）**

一、建立校企合作院校，将企业经验引入校园课堂。如江苏省通州中等专业学校与富士康共建的智能制造学院即将揭牌。此次合作将富士康的一线企业生产对接学校，学生成为实习工，教师成为培训师。合作项目培养的毕业生拥有实操经验和文化知识，有利于学生的长期发展。

二、建立学徒机制，引进德国双元制体系。将学生变成学徒，拥有学校和企业的双导师指导学习。如广州番禺职业技术学院开展的学徒班，入学与企业签订 2 年工作协议，有企业师傅教岗位技能和学校老师教知识理论。

三、建立订单班，定向输送人才。如湖北城市职业技术学院与武汉苏宁展开合作，开设电子商务订单班，订单班培养 50 名学生，实施校企合作培养，有效地促进了工学一体、校企融合。

四、PPP 托管合作模式，以企业思维管理、运营学校。如天坤教育的 PPP 职业教育托管模式，天坤国际古蔺职高是企业进入学校的典型案例，企业进入学校托管并运营，有利于实现工读-校厂一体化建设，企业与政府的合作，能够快速推进地方教育的发展。

铺设象牙塔外的职教蓝图。当前职业教育发展主要集中于中高等职业学校之内，中国职业教育发展经过数年的摸索，逐步探索出一些切实可行的发展模式。在学校里培养的时间一般是 3 年左右，比如说大批中职毕业的学生或初中毕业的学生，他们在学校学习的技能是非常有限的，一旦走出社会，其所具备的社会技能在工作中显得捉襟见肘。在职业教育进一步发展的浪潮中，政府制定细则包括鼓励"普通高中和中职毕业生、退役军人、下岗失业人员、农民工和新型职业农民，"参加职业培训，而且"允许符合条件的往届中职毕业生参加高职招生"。这些都是提高我国人口资源素质、优化人口结构的措施。

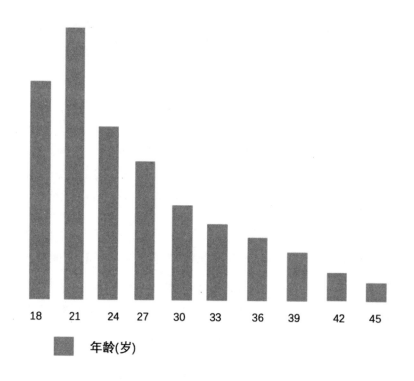

**图 7 制造业从业人员年龄段（来源：作者自绘）**

以制造业为例，在实际调研数据中，从事制造业的员工大都学历水平较低，以初中和中专为主。低学历的背后是低年龄，从事制造业的员工平均年龄在 22 岁，且中国制造业人口基础庞大，2017 年中国第二产业从业人数达到 2.18 亿。如此大规模的低学历人群，尤其是低学历的年轻人群体，急需在技能和素质上的提升，从而实现人生的转换并获得社会攀爬阶梯。

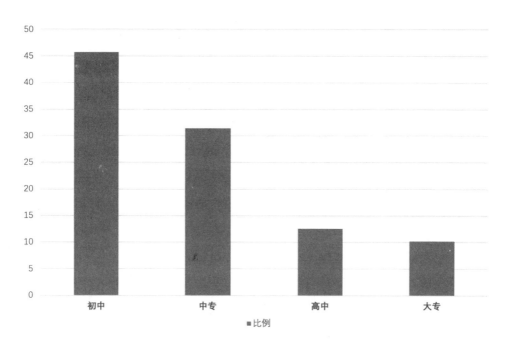

**图 8 制造业从业人员教育程度（来源：作者自绘）**

换个角度来说，鼓励校企合作，再塑职业教育发展。在学校层面是校企合作，在社会层面是鼓励继续深造学习。基于现实角度的考虑，大部分已经毕业的中职、初中乃至高中毕业生是很难放弃自己的工作，重新返回学校深造学习的。那么能否将学校引入企业，反向教学，授以文化知识，制定培养计划。如将概念上的学校模式搬到劳动密集型企业，为企业员工授课，定制专业和发展规划，最后通过考试获得技能证书或是毕业证的方式，提高员工的素养和能力。中国职业教育的发展，应该不仅仅是学校教育的发展，如澳大利亚建立了以考证为导向的终身教育模式，其 TAFE 文凭是国家技术性准入的标准，因此具有极高的含金量。中国职业教育更应当考虑到大批已经就业的低学历人群，建立社会职业教育发展体系，以具有含金量的职业证书为依靠，全面发展职业教育，将职业教育从学校引入社会，形成全民职业教育的态势。诚如上文所言，职业教育的发展应该摒弃传统思维，应该破除象牙塔的观念，形成全民职业教育，职业教育发展拥有更为广阔的发展空间。

# 第四节 助力地方产业腾飞

2019 年以来，随着《国家职业教育改革实施方案》的发布，职业教育被提到了国民经济发展中的重要位置。并在职业教育扩招 100 万人和 1000 亿元失业保险基金结余的等利好信号释放下，职业教育在国家战略规划、经济发展地位、社会整体位置中变得比以往任何时刻都更为重要。

作为天坤教育总部所在地的上海宝山，对于如何利用职业教育振兴经济发展，我们也做过深刻的调研和思考，而这一思考或许在许多地方都会遇到某些相似点。

近年来，中国 GDP 增速进入 7%以下的平稳发展阶段，中国经济已然是世界第二大经济体，在人口老年化进程加剧的情况下，优化人口结构，鼓励全民职业教育发展，为经济发展提供人才支撑尤为迫切。目前上海是我国最早进入老龄化社会且老龄化程度最高的城市，2017 年上海的老龄化率达到 14.3%，高于北京的 10.9%和广州的 7.9%，接近中国香港的 15.9%。积极发展职业教育有两大背景：一是上海地区老龄化严重，人口结构失衡，老年产业发展迟滞，继续职业教育或职业培训，为老年产业提供更多的养老产业人才。二是本地经济发展、优化人口结构、提高人口素质，为第二产业、第三产业的发展提供必要的基础人才或是高技能的人才，同时也是响应国家号召发展职业教育促进经济发展的必然途径。

以中等职业教育为例。据统计，截至 2019 年上海有民办中等职业学校 2069 所，比上年减少 46 所，招生 78.7 万人，比上年增加 5.0 万人。在校生 197.3 万人，比上年增加 13.2 万人，占全国中职学校在校生总数的比例为 12.4%。而在上海市宝山区，这一数据为中等职业学校 4 所，在校生人数 3351 人，其中民办 2 所，在校生人数为 1885 人。在宝山大力推进职业教育产教融合或将迅速推动职业教育规模扩大，实现职业教育和地方经济协同高质量发展的新局面。一方面，宝山的职业教育学校数量、在校生数量较少，校企合作拥有广阔的合作前景、发展空间，有利于民营经济主动参与。另一方面，宝山民营经济运行持续活跃，拥有开放的营商环境，20191-4月宝山实现民间投资64.72亿元，新增企业7662户，私营企业占比97.0%，其中第三产业比重达92.53%。

2016年宝山区提出，发展区域特色教育，打造陶行知教育创新发展区，成立宝山职业教育集团。目前宝山职业教育集团拥有全日制职业院校12所，初步形成了一定规模。但从上海市整体的职业教育发展情况来看宝山区的职业教育发展实际情况不容乐观。

民营经济实力受限，参与积极性不高。目前宝山区共有两所民营经济的中等职业院校，如上海市东方职业技术学校、上海市鸿文国际职业高级中学。经济实力受限。在宝山区，民营经济大小经济实体实力参差不齐。民营经济在参与职业教育的投入与盈利等方面存在顾虑。如民营经济发展职业教育受制于配套政策的落实问题，由于缺少合适的政策优惠条件，民营经济发展职业教育的积极性不高，往往"雷声大雨点小"。

此外，职业教育特殊背景，合作可能受限。民营经济由于自身实力有限，无所获得相关政府部门和地方院校的青睐，导致一些有想法的企业反而无用武之地。实践能力受限。目前民营经济参与职业教育发展的案例较少，缺少吃螃蟹的人，在行业宣传、政府宣传上也缺少这种具有带动能力的模范宣传，民营经济对职业教育的前景、机会和模式的了解一知半解。

营商环境受限，企业动力不足。目前宝山区的营商环境，主要是面对工业、服务业、房地产业等支柱产业，对职业教育的关注度较为一般。宝山区的产业政策缺少对职业教育的重视和关切。在民营经济发展职业教育的过程中，缺乏必要的优惠政策和相应的扶持政策。在国家《国家职业教育改革实施方案》发布后，也缺少配套的具体实施措施。因此，职业教育发展的营商环境不足，限制了民营经济进一步深入职业教育领域，积极参与、融入、提升职业教育的可能性。

职业教育与普通教育同等重要，是不同的教育类型。随着我国产业升级和经济结构调整不断加快，各行业对技术人才的需求更加迫切，职业教育的地位和作用越来越凸显。为此，大力发展职业教育，振兴宝山民营企业，是发展地方经济的有益探索。

优化营商环境，政策倾斜民营职业教育。民营经济的快速发展，产业布局离不开当地政府的政策倾斜和扶持。如产业园入驻优惠，校企合作机会推介，招商引资中对职业教育的关注等等，推动宝山本地职业教育的发展，挖掘本地职业教育的潜力，优化人口结构，提高人口的素质都有赖于职业教育的和职业培训的长期发展。

构建宝山职业模式，培育职业教育主体。目前宝山成功地打造了对口援疆的"叶城模式"，将师资、教材、教研融合，发展了职业教育的独有模式。值得借鉴学习。一是引入民营经济，培育具有一定实力的龙头企业，充分利用其办学经验、模式和活力，与地方院校、政府合作，壮大办学能力。二是整合区域资源，将本地民营经济充分纳入其中，兴办综合实力较强的职教集团，在上海与其他区域职校联合办学，扩大影响力。发挥宝山职业教育集团的影响力，可以在全市乃至全国推广业务。

# 第六章 天坤教育的模式

# 第一节 PPP 托管

## 1.概念

国家的发展和进步离不开高素质的劳动者，离不开适应社会主义现代化建设需要的高素质建设者和专门人才，而保持和提高劳动者的整体素质，教育是根本保证，其中职业教育为大多数群体提供了接受教育保障乃至就业保障，为国力增强、国家强大提供了更多、更丰富的人才，做出了应有的贡献。十九大报告中做出了"完善职业教育和培训体系，深化产教融合、校企合作"的纲领性指导。国务院《关于大力发展职业教育的决定》提出"落实科学发展观，把发展职业教育作为经济社会发展的重要基础和教育工作的战略重点"。职业教育攻坚战已全面打响，职业教育春天已经来临。但由于历史和现实的种种原因，受制于地方财力和体制机制的束缚，职业学校，特别是中职学校发展面临"动力不足，软实力难以提升，与社会发展需要尚存很大差距"等难题，破解职业教育发展难题已成为中国教育事业发展的攻坚战。

### 一、PPP 模式发展的基本情况

国外职业教育的发展模式和经验是我们借鉴和学习的创新途径之一。从 20 世纪 90 年代开始，欧美掀起职业教育改革热潮，受国家公共部门民营化理论影响，PPP（公私合营）成为职业教育改革实践的重要内容和方法。英国率先在职业教育领域尝试开展"公私合作伙伴关系"实验后，各种将私人部门的资源和管理等方面的优势引入基础教育领域的 PPP 模式快速涌现，如英国的"私人融资计划"、澳大利亚新南威尔士州的"新学校项目"、美国"特许学校"和"契约学校"、菲律宾和巴基斯坦的学校"领养"计划、新西兰的"选替教育"，以及智利和美国的"非限制性教育券"或"仿教育券"计划等。

我国于 1984 年开始引入 PPP 模式，但广泛存在于城市基础设施及公共服务领域，教育行业引入 PPP 则相对较晚，目前仍处于起步阶段。据 2017 年 11 月财政部《全国 PPP 综合信息平台项目库季报第 3 期》数据显示，截至目前教育行业项目数共有 483 个，在 19 个行业中处于中下游，占比仅仅 5%，总投资额 1667 亿元，占比更是低至 2%，远不及市政工程与交通运输等已成熟运用 PPP 模式的行业。从项目类型上分析，义务教育、高中教育与职业教育阶段的项目占比最大，合计占比达到 72%。从整体来看，教育行业，特别是职业教育领域，PPP 合作办学模式仍处于探索阶段。

**二、PPP 模式发展中的主要矛盾**

深刻领会十九大报告的精神，结合职业教育在精准扶贫和就业中的重要作用，我们可以很乐观地预测中国职业教育即将进入大发展的新时期。目前我国共有 1.23 万所职业院校，592 个贫困县，在职业教育+精准扶贫两大目标的驱动下，可以预计在接下来的三年内（到 2020 年底），全国各地对于职业教育 PPP 项目的需求将进入井喷期，中国职业教育 PPP 合作办学将进入黄金时代。

但从另一个视角来看，当前职业教育的 PPP 项目模式单一，相对初级，无法为各地职业教育提供相对成熟、高级和可快速复制的模式。从现状来看，目前职业教育采用的 PPP 模式仍旧以相对粗放的基础设施建设为主。根据财政部数据显示，目前教育类 PPP 类项目仍以学校建设及改造等辅助性活动为主，绝大多数是新建学校及配套基础设施，新建占比达到近 89%，并未触及教育核心内容，政府购买的实际是教学设施设备、学校后勤保证设备，缺乏教育本质内容服务等软性服务的投入合作，运作方式和回报机制等合作本质与市政类项目雷同，职业教育的 PPP 项目实际仍在"浅水区"运行。而这就造成专业设置不合理、教师待遇低、学生就业质量差、社会认可度低、职业教育缺乏吸引力等负效应。

职业教育 PPP 项目的巨大需求与 PPP 合作办学模式的单一构成了当前职业教育 PPP 项目发展的主要矛盾。从国外成功经验和国内部分成功的实践来看，解决这一矛盾的关键就在于鼓励各种以围绕教育核心的软性投资合作为主的 PPP 项目，积极发展以教育管理、教学内容、师资培训、教育信息化建设、实习就业等涉及教育核心内容的 PPP 合作项目，建立以教育质量为核心指标的评价体系。

### 三、天坤教育 PPP 模式的创新

人力资源是经济社会发展的第一要素，经济社会越发展，越需要高质量的职业教育。打通职业教育与人力资源服务，实现产教融合和校企合作是发展职业教育 PPP 合作办学模式的一种创新型举措，也是解决当前中国职业教育 PPP 模式发展中的主要矛盾的有效手段。

基于职业教育的本质特征，优蓝国际集合自身的能力、优势和资源，在职业教育发展大量调研的基础上，将蓝领人才培养和人力资源开发深度融合，创造性地提出"人力资源+职业教育"的创新模式，并在此基础上设计出"公办民营"的 PPP 合作办学模式（以下简称天坤模式），围绕"育人"这一教育本质进行重点投资和开发[12]。

作为中国领先的蓝领人力资源服务全产业链深度开发企业，作为天坤教育的母集团，优蓝国际在全国拥有 14 大运营中心，300 家分支机构，1000 家服务人才网点，拥有丰富的企业资源和就业资源。从 2009 年开始就探索

---

[12] **职业教育发展新模式：天坤教育 PPP 合作办学**[EB/OL].**商业电讯**
http://www.yidianzixun.com/article/OKQwGMlr

"职业教育+人力资源"互动发展的模式，并逐步摸索出"职业教育+人力资源服务+人才后市场"的业务发展模式，并初步在全国形成规模化的优势。

基于优蓝国际在人力资源服务全产业链上的独特竞争优势，向上游延伸至职业教育投资领域，并突破政府和行业组织对PPP概念的传统融资式理解，将PPP公私合营的根本属性运用到与政府合作办学及学校管理机制的改革之中使公共资源与企业资源充分整合，政府资本与企业资本互为补充，公办体制与民营机制有效贯通，强调公私合营，双方合力，共同打造符合时代发展的优质教育，满足社会和地方经济发展的需要。这一创新型PPP合作办学设计，不仅打通了职业教育和人力资源的通道，更激发了教学管理体制的创造力和活力，自2009年起，天坤教育以PPP办学模式在全国范围内打造30余所职业院校。

天坤教育PPP合作办学模式的独特创新价值主要表现在以下几个方面：

（一）升级PPP认知

1.关系上，相互平等。双方是PPP公私合营的协议合作关系，而非买卖交易或承租承让关系，关系平等，优势补充，相互支持，相互监督。

2.权利上，各尽其职。政府与天坤教育以协议和授权形式明确双方权利与义务。政府重在硬实力建设，天坤教育重在软实力提升，双方目标明确，分别履行协议约定的权利与义务，各尽其职，各负其责。

3.性质上，坚持国有。双方合作坚持三个不变的基本原则，即"学校国有性质不变，教师公办身份不变，政府对学校的财政保障不变"，巩固了学校国有公办的基本属性，明确了政府的基本职能，减轻了企业投资压力，增强了企业参与政府公共服务的信心。

4.管理上，管办分离。合作后学校引入民营机制，由天坤教育按协议内容承担办学责任和办学风险，自主管理，自负盈亏，独立承担民事责任，独立享受民事权利。地方政府给予政策支持和业务指导，行使监督和管理职能，政府与学校管办分离，学校办学自主权得到充分保障。

5.效益上，合作双赢。双方摒弃零和博弈，共谋发展，各得其利。地方政府强调通过引入社会力量提高职业教育办学水平，促使学校快速发展，助推地方经济发展，改善民生，创造社会效益。天坤教育强调人才培养和供给，通过职业教育投资办学，自主培养人才，建设人才蓄水池，促进人才外包产业发展，为企业创造可持续的人才外包服务效益。

（二）扩大 PPP 的价值

1. 创新体制机制。通过 PPP 模式合作办学，改革学校办学体制和管理机制，学校实行"国有民营公助"的管理机制，充分发挥校长的办学主导权，对人、财、物进行全面管理，大大激发学校办学活力。

2. 增强激励效应。PPP 合作办学后，引入民营管理机制，学校实行目标管理绩效考核，优化工资结构，改革激励机制，在确保教职工原有财政工资不变的基础上，提高教职工福利待遇，调动广大教师的积极性，激发了学校的办学活力。

3. 资源充分整合。PPP 合作办学后，在充分发挥政府资源优势的同时，天坤教育将不断引进外部优质教育资源和企业资源，与地方政府资源有效整合，从而增强学校办学实力和发展后劲，合力助推学校快速发展。

4. 创新专业、提升内涵、扩大规模。PPP 合作办学后，发挥民营机制优势，学校灵活自主地根据市场需要调整专业，新增高端特色专业，入学即签订就业保障协议，大大提升了学校专业建设水平，使办学内涵和品牌影响力得到全面提升，增加学校的市场竞争力，突破招生困难，实现规模快速扩大。

5. 提高教学质量和就业质量。天坤教育将先进的办学理念和优质教育资源引入学校，通过对教育教学进行全方位指导，对教师进行"双师型"培训提高，借助优蓝国际在人力资源就业安置上的优势，全面提升学校教育教学质量和学生就业质量。

（三）增强 PPP 的效果

1. 减轻政府财政压力。PPP 合作办学后，政府除承担正常的（教师工资、学费减免、生活补助、教育附加、专项扶持资金等）财政投入外，学校后续发展（如专业建设，设施设备更新、升级、维护，教职工待遇提高等）所需要的资金由天坤教育通过提高办学收益和自筹资金解决。

2.促进地方职教事业和产业发展。PPP 合作办学后，天坤教育通过多种手段使得学校快速发展，促进地方职业教育事业发展，为地方培养技能人才，满足产业发展需要，促进地方产业和经济快速发展。

3.社会民生效益。以职业学校为基地，为地方政府开展行业技能、劳动力转移、精准扶贫等培训项目，并由天坤教育进行就业安置，真正助力地方政府精准扶贫。

## 2.公办民助：天坤古蔺职业高级中学

党的十九大指出，深化产教融合与校企合作，完善职业教育体系，全面提升人力资源的质量。2017 年国务院出台了《国务院办公厅关于深化产教融合的若干意见》强化企业在职业教育中的作用，推动企业参与办学，发展多元办学体制，推行校企协调育人。促进人才供给与产业结构性需求匹配，强化对经济发展、产业升级的支撑作用[13]。

### （一）背景与缘起：公办民助

《国家职业教育改革实施方案》中明确提出，为建设现代化经济体系、加强职业技能实训基地建设、完善职业教育体系和技术技能人才成长的配套政策和职业院校办学质量，职业院校应根据自身的特点和人才培养需要，主动与具备条件的企业在人才培养、技术创新、就业创业、社会服务、文化传承等方面开展合作，对职业学校和企业的合作进行深度加强和推动。产教融合的发展依赖于校企合作中企业与学校的共同建设，企业与院校结成对子，共建专业、共担责任、共享成果、共同育人，打造职业教育的共

---

[13] 国务院办公厅印发《关于深化产教融合的若干意见》[EB/OL]. 中国政府网 http://www.gov.cn/zhengce/content.htm.

同体。如今，专业型、技能型人才是我国人才队伍中不可或缺的部分，职业教育则为社会培养和提供大量的优秀技能人才资源，是我国人力资源高质量持续发展的基础保障，为我国经济社会的发展做出了重要贡献。

古蔺县职业高级中学校，始建于 1976 年，前称为古蔺县共产主义劳动大学，1987 年改为古蔺县职业高级中学，2018 年被列为四川省首批示范性中等职业学校项目建设学校。学校占地面积 94005 平方米，建筑面积 47610 平方米，建有功能完善的信息化中心机房，64 间专业实训室，所有教室配置电子白板，实训室设备齐全。开设 8 个专业，现有 96 个教学班，在校学生 5887 人，教职员工 279 人。2009 年由天坤国际教育集团与古蔺县人民政府签订协议，在"三个不变"（学校公办性质不变、教职工身份待遇不变、政府投入不变）的基础上由天坤国际教育集团托管办学，成为天坤国际教育集团的基地学校。天坤国际教育集团有上千余所合作院校，职业教育资源丰富，便于在教学管理、专业建设、课程建设方面取长补短，有力推进学校教育事业发展。集团内有上千家合作企业，如苏州和联集团、上海宝岛服饰有限公司、福建宁德时代新能源有限公司、欧普灯饰有限公司等，拥有强大的就业资源优势，能够最快的获取市场信息资源，及时掌握市场动向，为学生就业提供强大的市场和选择空间，毕业生就业渠道畅通，学生稳定，得到了家长、学生和社会的好评。

**（二）管理与文化：协同育人**

1、严抓常规教学管理

天坤古蔺职业高级中学严抓常规教学管理，充分体现制度管人，流程管事，以优良的教风、学风促进专业内涵建设发展，促进教学质量的提高。教学秩序正常，在课程、专业、班级设置等方面前瞻性进行安排（如汽修设高考班、学前教育分方向）并及时排好学期课表，严格执行中等职业学校专业教学标准，教师按课表上课；实行教学巡查制度，教务处不定期的到教室、到监控室检查学生的到课率和教师的到岗、授课情况，并对检查情况、处理意见及时公示，纳入教师业务考核。

深入课堂听课，严把教学质量关。教务处深入到各教研组进行听课、评课，从教学内容、教学方法、教学能力、教学效果等多个方面评价教师的上课质量，并及时给出建议。每月对教学进行"六认真"检查，检查采用抽查和教务处集中检查相结合的方式进行，将检查结果及时进行公示，并与教研组长一起针对教师的情况提出整改意见。务实抓好高考班教学工作。跟进中高职衔接、高职院校单独招生、对口高职和职教师资考试等有关政策，根据学生的学习基础，因材施教，各年级实施分层教学；到高职院校学习交流，了解高校的专业设置、培养目标、招生信息等情况，用以指导高考教学。

认真组织各学月考试、高三省市一诊考试、省英语诊断考试、市语数外德的统考、补考，加强考试期间的管理，做好考前的各项准备工作，做到每次考试都有专人负责，对学生进行诚信考试教育，杜绝考试作弊行为。考后做好各次考试的质量分析工作，春期撰写4次质量分析报告，秋期撰写5次（文化课统考、高考、英语诊断、高三二月考、一诊）质量分析报告，认真研究教与学的情况，做出正确的客观评价，召开师生座谈会，提出改进措施，将质量分析落到实处，及时对学生进行了分流。加强高一、二高考学科的教学指导和监控，使教师们明确所肩负的育人责任，互相协调，平衡学科教学，提高了尖子生数量，为对口高考打下良好基础。

2、准军事化管理模式

天坤古蔺职业高级中学在德育课程设置方面严格按照《中职德育教学大纲》要求开设课程，学校德育处自行组织教师开发德育教育的课程资源，编印了《梦想，从这里起航》、《向青春致敬》、《唱响青春》、《呼唤法治，护航青春》共四本校本教材投入使用，围绕社会主义核心价值观，倡导学生爱国守法、感恩诚信，激励学生努力奋斗，追寻梦想。学校德育处每月对学生进行专题德育教育，邀请校外德育辅导员到校进行交流，组织学生通过活动的形式接受法治、感恩等德育教育，效果较好。

实施准军事化管理为特征的学生德育管理模式。托管后，我们坚持"以人为本、从严治校"的办学理念,坚持"令行禁止、健体强能"的校训,对学生提出了"三规范"、"四规定"、"五学会"的具体要求,引入"6S"企业管理体系,并持之以恒地贯彻实施,坚持全员德育,人人都是管理者,坚持每周分部开展德育操课,收到了良好的效果。目前,学校学生精神状态好、讲文明、懂礼貌、懂得感恩、立志成才的学生越来越多,良好的校风和学风逐步形成。

学校安全管理制度完善,各项应急预案有针对性,实效性。每个月定期开展安全应急疏散演练,定期开展安全隐患排查和管制刀具的收缴,校园重点部位实现全天候360°无死角监控,及时发现和调处学生的矛盾纠纷,深入推进"扫黑除恶"工作的开展。通过安全教育大会、安全专题讲座、主题班会、致家长的一封公开信、泸州市安全教育平台等方式深入开展师生安全教育,创设了安全和谐的育人环境,巩固了平安校园建设成果。

| 工作内容 | 安全培训 | 安全讲座 | 隐患排查 | 应急演练 | 主题教育 | 安全宣传 |
|---|---|---|---|---|---|---|
| 次数 | 10 | 16 | 12 | 11 | 20 | 6 |

**表1 2018年学校常规安全工作开展情况统计表(来源:天坤古蔺职高)**

3、"走出去"的校企合作模式

在校企合作办学中,以"走出去"模式为中心,形成了办学、实习、管理的一体化模式。

第一,坚持"走出去办学,请进来办厂"的办学理念,不断深化校企合作,引入社会资金开办古之兰服饰有限公司,自建古蔺职高附属幼儿园,改造升级天坤汽修厂,与纬创资通(成都)公司开展现代学徒制合作办学,成立了助理工程师培养基地,采用"3+3"的教学模式。

第二,加强教学实习管理,围绕"强化实习教学,全面提升实习教学质量"的工作主题,到兰尊大酒店、新世界大酒店、天坤汽修厂、古之兰服饰有限公司、东方红幼儿园等实习场进行了调研,及时了解学生实习过程中存在的问题,积极与实习单位协调,保证了实习教学的有序进行,圆满完成了实习教学任务。加强顶岗实习管理。就业班学生实行"2+1"的顶岗实习模式，第三年到企业顶岗实习一年，由学校派老师实行专人管理，保障学生实习期间的安全健康及企业对接联系，保障实习质量，经实习鉴定合格、完善相关手续后方能发放毕业证。

**（三）效益与成果：以人为本**

天坤古蔺职业高级中学自 2009 年实现公办民助的职业教育模式以来，在人才培养、对口升学、学生竞赛等方面取得显著且优异的成绩。目前天坤古蔺职业高级中学毕业生专业技能、职业素质过硬，为用人单位所重视。下表所示为企业对就业学生满意度抽样调查表，天坤古蔺职业高级中学在计算机、汽修、服装、电子、学前教育等专业上用人满意率高达 100%。

| 用人单位 | 调查专业 | 调查人数 | 非常满意 | 满意 | 不满意 | 满意率 |
|---|---|---|---|---|---|---|
| 苏州和联集团 | 计算机专业 | 21 | 16 | 5 | 0 | 100% |
| 杭州益维汽车有限公司 | 汽修专业 | 25 | 13 | 12 | 0 | 100% |
| 苏州爱慕尔内衣有限公司 | 服装专业 | 12 | 8 | 4 | 0 | 100% |
| 纬创资通（成都）有限公司 | 电子专业 | 21 | 10 | 11 | 0 | 100% |
| 县内外幼儿园 | 学前教育专业 | 82 | 52 | 30 | 0 | 100% |
| 总计 | —— | 161 | 99 | 62 | 0 | 100% |

**表 2 企业对就业学生满意度抽样调查表（2015 级）（来源：天坤古蔺职高）**

对口升学成绩显著，天坤古蔺职业高级中学在对口升学上成绩斐然，连续多年获泸州市一等奖，教育质量综合评价连续荣获泸州市一等奖，在全省中职学校排名中名列前茅。此外，在省市各种比赛中成绩优异。近年来，学校在全国、省、市各类技能大赛中屡创佳绩。许龙等学生获全国职业院校技能大赛中职组比赛三等奖。王荣睿等多人在四川省中等职业学校学生技能大赛上获一、二、三等奖。在泸州市中职学校学生技能大赛中，周吟诗等百多名学生分别获一、二、三等奖。

随着学校不断改革创新，办学规模不断扩大，声誉不断提高，办学质量和办学条件不断完善。学校先后获得"古蔺县常规管理示范校""古蔺县校风示范校"、"泸州市建设川滇黔渝结合部教育培训中心骨干学校"、"四川省文明校园"、"四川省重点中等职业学校"、"四川省五四红旗团支部"、"农民工科技培训星火学校"、"全国国防教育特色学校"、"全国教育系统先进集体"等荣誉称号，办学质量逐年提升，深得社会各界好评。

## 3.教育为本：天坤皖北经济技术学校

2016 年 4 月，国家相关领导来安徽省金寨县调研时强调"打好扶贫攻坚战，要采取稳定脱贫措施，建立长效扶贫机制，把扶贫工作锲而不舍抓下去。要做好教育扶贫，不能让孩子们输在起跑线上，教育跟不上世世代代落后，学一技之长才能有更好保障。"这一重要指示正引领临泉县广大群众，向全面实现"安居乐业、富民强县"的临泉梦阔步迈进。

教育部职业教育中心研究所研究员姜大源表示："精准扶贫，就是要让贫困人口就业、谋生、赚钱、改善家庭经济情况，在这方面，中职教育有着不可替代的作用。教育特别是职业教育的精准扶贫，必须要有职业教育的精准供给，以满足扶贫对象真实的、有针对性的需求"。精准扶贫离不开教育扶贫，特别是职业教育，它作为教育的重要组成部分，在精准扶贫中更直接和有效。"扶贫必先扶智，治穷必先治愚"，职业教育不仅让脱贫人口能够"站起来"，而且要能够"走得远"，改变"底层上升通道受阻，一代穷世代穷"的局面，切断贫困的"代际传递"。近年来，随着皖北职业教育的快速发展，各县市不断崛起的职业学校正成为带动当地百姓致富，实现精准扶贫的强大动力。

作为职业教育改革典范，临泉县天坤皖北经济技术学校秉承"厚德精技，知行做合一，有效服务社会经济发展"的办学理念，在教育教学上求创新，在"精准扶贫"上求实效，在"脱贫攻坚"上实行"6个1"，成为阜阳市乃至全省职业教育立足地方实际、聚焦地方"精准扶贫"、推动地方经济发展的一面旗帜。

### （一）天坤皖北经济技术学校的背景

"小康路上一个都不能掉队！"党的十八大以来，习总书记的铮铮箴言，让我们愈加感受到党大爱无疆、心系苍生的扶贫情结。2015年3月19日至20日，省委书记张宝顺深入临泉县调研经济社会发展情况。他强调，要坚持问题导向，优化政治生态，进一步提振精气神，努力闯出一片新天地，决不让一个贫困地区落伍掉队。临泉县地处安徽省西北部，人口237万，贫困人口23.5万人。属于大别山贫困连片区国家级贫困县。2015年新一届县委县政府着力开发人力资源，规划500亩，投资4.7亿建设皖北经济技术学校。

皖北经济技术学校老校区坐落在泉河之滨，1958年建校，1985年改制为临泉县高级职业中学，2014年阜阳市批复为皖北经济技术学校，2015年临泉县人民政府牵手天坤国际教育集团对皖北经济技术学校实施"PPP公私合营委托管理"，校园恬静而优美。"不让一个学生因为家庭贫困而不能进入学校学习，更不让一个进校的学生因为家庭贫困而辍学"。校长郭颖超铿锵有力地说，这是学校对社会、对学生的庄严承诺，更是学校在"精准扶贫"上力求实效的坚定举措。

自从把"职教扶贫"作为学校头等大事以来，学校198名教职工分组深入全县各乡镇（街道），走村入户对该校263名建档立卡的贫困家庭学生进行逐户走访，了解学生家庭实际情况。走访过程中，教师们对每位建档立卡贫困家庭学生的家庭成员组成、经济状况、生活环境进行了详细的了解和记录。家长也认真地听取了教师对学生在校学习、生活状况的汇报，表达了自己的意见和愿望。通过多次大走访活动，很多教师看到了中职学校贫困学生家庭的现状，深切感受到只有让这些孩子接受更好的职业教育，掌握熟练的职业技能，才能从根本上改变自身和家庭的命运。天坤皖北经济技术学校副校长李玉涛说："看到孩子们生活的环境，我感到心酸。我们唯一能做的只有倾吾心、尽吾责，让他们成于形、精于技、扶其智、乐于事……"为确保教育扶贫工作实效，天坤皖北经济技术学校积极引导教师发挥职业优势，根据学生实际和需要制定帮扶计划，帮助其顺利完成学业，指导升学或就业。为此，学校建立了"一片区一负责人，一学生一责任人"的帮扶机制，通过层层包干，确保每名建档立卡贫困家庭学生有帮扶责任人，定点跟踪，精准帮扶，一包到底。

**（二）经济发展是硬需求**

近年来，临泉县社会经济各领域飞速发展，但贫困仍然是最大的县情，也是临泉县最大的实际。天坤皖北经济技术学校，作为一所职业中学，最大的使命就是结合县情，把服务地方经济发展作为第一要务，带动老百姓致富，让"精准扶贫"在这片土地上落地生根，开花结果。

为认真贯彻落实县关于扶贫攻坚的重要指示精神，按照"扶贫先扶智，彻底斩断贫困链条"的总体思路，遵循"政府主导、社会参与、职教助力"的工作原则，深入推进学校精准扶贫工作，2015 年 5 月，学校印发了《关于成立天坤皖北经济技术学校结对帮扶工作领导小组及办公室的通知》，成立了以校长郭颖超为组长，副校长李玉涛、符国武、韩金钟为副组长，相关职能部门负责人为成员的结对帮扶工作领导小组，设置了职业教育扶贫办公室，选调优秀干部任扶贫办公室主任，配备了专职工作人员并下拨了专项经费，为开展"6 个 1"扶贫工程奠定了良好的组织基础。

提高贫困对象自我发展能力，是农村经济、加快精准脱贫的重要途径。"精准扶贫"是天坤皖北经济技术学校的一份责任和担当，"职教扶贫"作为新时期扶贫工作的重要抓手，从政策宣传、统筹规划、资源配置、运行机制等方面加大力度，引导社会正确认识职业教育，因地制宜，找出一条与本地区的资源、环境、经济等协调发展的办学思路。建设大型实训基地，提高职教办学水平和扶贫扶智能力。优化专业设置，针对临泉县技术技能人才的实际需求培养学生，大力推进产教融合、校企合作、工学结合的培养模式，同时尝试"大师进校园，匠人当教师，师傅带徒弟"等育人模式，提升职业教育的办学质量和水平。要发挥职教资源，把农民教育培训作为目前实施精准扶贫工作的重点，整合现有的各级教育培训力量，创建教学实训基地，多领域开展现代农民培训工程，切实提高培训实效。

### （三）职业教育与精准扶贫

当然，对于一所职业学校来说，要助力"精准扶贫"，首先要让社会上的贫困学生能走进学校，留下来学技能。为此，多年来，皖北经济技术学校通过招生改革，完成县委县政府《让每位初中毕业生完成中等教育的决定》，积极落实国家以及省市县各级政府对职业中学贫困生的资助项目，并通过校企联合办学等多个渠道，全力为学校的贫困学生解困，让"精准扶贫"在学校贫困学生中实现最起码的落地。学校实行"招生即招工，进校即进厂"的培养模式，贫困生只要选择职业教育就等于进入技术能力训练保险箱。

近年来，学校严格落实国家助学金每人每年 2000 元，国家减免学费每人每年 3000 元，国家"雨露计划"扶贫资金按指标每人每年 1500 元，"一家一"扶贫资金按指标每人每年 1000 元。除了积极落实国家资助项目外，学校还立足地方和学校实际，对学校贫困学生实行有针对性的救助：学校对建档立卡学生减免全部杂费，学校对品学兼优的学生实行不同等级的奖学金。

此外，学校还创新性地通过校企合作办学的方式，为在校贫困生探寻资助之路。目前，学校依托优蓝国际集团全国公司体系，学校为其子公司对口培养相关专业人才，子公司通过为该专业在校学生提前发工资的方式，对学生予以资助，这种双赢的合作方式，不仅解决了贫困学生的就学难题，而且提前对接就业，更让学生获益。据统计，近三年来，学校通过各种途径，共为在校贫困学生发放贫困助学金近 2300 万元，让 2000 余名贫困学生，5000 余名贫困农民直接受益。

**（四）天坤皖北经济技术学校的未来**

"我是学电商专业的，今后，我想开一家网店，把我们临泉的农特产品卖出去……"、"我学的网页设计专业，毕业后，找工作应该没问题"……。在和天坤皖北经济技术学校 15 电商（2）学生座谈的过程中，大家都感受到学生朝气蓬勃，充满自信。一所学校，学生是灵魂，学校培养的人才更是学校最好的品牌和口碑。天坤皖北经济技术学校副校长符国武谈到，作为一所职业中学，办学成功与否，最关键的是培育了什么样的学生，学生成才了，他们有脱贫致富能力了，"精准扶贫"才算真正的精准落地。

"大师是学校发展的根本"——加大师资队伍建设。要培养优秀的学生，首先教师自己的本领要过硬。天坤皖北经济技术学校青年教师孙晨辉，2013 年上海大学毕业。走上教师岗位不久，孙晨辉即被学校选送到上海大红鹰文化传播有限公司、长沙殷氏动漫有限公司等企业进行有针对性的系统培训。同时，学校还通过"传帮带"等形式，让孙晨辉的专业素质和教学水平得以快速提高。几年来，他制作的课件、教学论文多次获得省级奖励。2015 年，孙晨辉指导的学生李东方同学在第三届安徽省职业学校创业设计比赛中获得一等奖，登上全省职业教育最高领奖台。如今，孙晨辉已成为学校的青年骨干教师和专业带头人。

孙晨辉只是天坤皖北经济技术学校着力培养年轻教师，加大师资队伍建设的一个典型代表。多年来，天坤皖北经济技术学校高度重视教师队伍建设。通过引进高校优秀毕业生，形成了优质化的教师队伍梯队。通过集团培训、学科竞赛、鼓励科研等多种方式提升师资力量，成效显著。目前，学校累计选送了 273 人次的教师参加省级、国家级师资培训和进入企业实践，培养了 9 名校级专业带头人，20 名骨干教师。教师立项市级以上教育科研项目 3 项，教师公开发表及获奖论文 109 篇。2016 年，张爱侠老师参加全国职业院校信息化教学大赛获三等奖。

"一技学在身，不愁不脱贫"——培育学生一技之长。走进天坤皖北经济技术学校电商创业工作室，一排排电脑整齐排开，教室里，只听见学生敲击键盘的声音。班上学生正"热火朝天"忙活他们的"工作"。所谓的"工作"，其实就是学校开展的商业项目制作。学生在淘宝、京东等电商平台上为电商提供网页制作、海报设计、图片修复等服务以获取"报酬"，获取"报酬"后，学校进行一比一的奖励。这一创新性的激励措施，极大地激发了学生的创造力。学生周大海，刚刚完成一单防辐射手机壳宣传单设计制作，获得100元报酬。周大海介绍，比报酬更重要的是，在参与商业项目制作的过程当中，需要在老师指导下不断修改自己的设计，以达到顾客的要求，这样便极大地提升了自身的专业水平。如今，还未毕业的周大海，凭着扎实的专业技能，已在一家公司兼职，且收入"不菲"。

作为一所职业学校，最基本的人才培养目标，就是要让学生学会一技之长，真正实现"职教一人，培养一技，就业一个，致富一家"的梦想。多年来，天坤皖北经济技术学校力抓学生专业教学，培育学生拥有一技之长。首先，对接产业设专业。学校通过市场调研，重点加强了专业调整布局和特色专业体系建设。新开设了高级乘务、汽车检测与维修、物流技术及两个对口高考专业，专业数由原来的9个增加到16个，初步构建了以网页美术设计专业为主干，计算机平面设计、软件技术、电子商务专业为支撑的服务电子商务产业链的特色专业体系。其次，对接岗位抓教学，通过建立电子商务服务中心、义乌商贸城生产性实习实训基地等探索性举措，全方位培养学生专业技术能力。

经过多年努力，天坤皖北经济技术学校在人才专业技能培养质量上不断提高。仅2017年，学生参加全国职业院校技能大赛获三等奖2人，省级职业院校技能大赛一等奖3人，二等奖6人，获奖等级、人数居全市第一。学生参加全省职业能力水平考试参考率、合格率均为100%，职业技能资格等级证考试通过率为86%。

"立德树人能力为王"——打造德技兼备人才。来自临泉县吕寨镇的学生李晓河，家庭贫困，读初中时，学习成绩差，思想表现也不好，学校老师根本管不了他，有一次，老师批评了他，他竟然发脾气把自己的课桌丢出了教室。来到学校后，班主任刘亚辉经常找他"聊天"，了解他的兴趣爱好和心理状况，并多次鼓励他，帮他重拾信心，尤其在他生日那天，班主任组织全班学生为他过生日，唱生日歌、送生日祝福，李晓河感动地当场流下了泪水。随后，他也慢慢改掉了劣习，由一名不听话的学生，变为一名优秀生，如今，李晓河就业于合肥互联盛世科技公司，月薪6500多元，全家也得以提前脱贫。

李晓河的转变只是天坤皖北经济技术学校注重德育，通过感恩教育等多途径培育德技兼备优秀人才的一个缩影。学校实行"三规范、四规定"特色德育打造，坚持"三心教育"为主线，以强化行为规范养成教育为重点，不断增强德育工作的主动性、实效性，形成全员、全方位、全过程参与的德育模式。目前德育这张名片已经在同行学校得到彰显。2016年12月阜阳市中职学校先进管理经验现场会在天坤皖北经济技术学校召开。

**（五）天坤皖北经济技术学校案例详述**

1、终身职业能力培养

走进学校，漫步校园，让人感触最深的是在学校的墙壁上、宣传栏里，到处张贴着学校优秀毕业生的大幅照片和简介。小小细节，彰显的却是该校以学生为核心的办学大理念。仔细观看这些毕业生的照片和简介，发现这些学生大多来自农村，不少都是家境窘困的贫困生。但是，通过学校的三年教育，这些贫困孩子，如今都依托所学本领，在各个不同的创业岗位上崭露头角，有些还成了"小有名气"的老板，彻底告别了贫困。

"曾经是一颗病树，亲爱的母校给了我春天"，耿素真，天坤皖北经济技术学校计算机专业毕业生，小时候患病致双腿残疾，由于勤奋好学，身残志坚，阳光自信，靠自己所学专业，成就自我，目前带领全乡数十位农民朋友在山西省太原市社安消防技术中心做培训工作。耿素真寄语母校，

"母校用一双温暖的手抚慰我的心灵，使我展翅飞翔，师恩难忘，我将坚定走下去，回馈家乡"。"我的优秀来源于两年学校生活的锤炼，专业技能点燃了我创业的梦想，德能双优成就了我腾飞的翅膀！"李中慧，瓦店镇人，2011级艺术专业毕业生，毕业后自主创业，在瓦店镇开办快乐童年幼儿园，在园学生300多人，其在校老师大部分来源于学校艺术专业毕业生，为回馈家乡父老，从2015年凡是瓦店镇农村贫困家庭就读该园的学生免除所有费用。

学生姚玉双，父亲是县里养羊的养殖专业户，见多识广的他早早就意识到电商发展的大趋势，女儿初中一毕业，就将姚玉双送到学校就读电商专业，如今，学得一技之长的姚玉双通过优蓝国际旗下专业招聘平台优蓝招聘被上海一鸣事务所看中，主动和她联系签约。据统计，近3年来，天坤皖北经济技术学校学生就业率均在98%以上，对口就业率95%以上，2016年为97%，3届毕业生平均月工资分别为4500元、4300元、4000元。就业好，才是真的好，就业好不好是衡量一所职业学校办学是否成功的关键要素。为此，天坤皖北经济技术学校始终把就业工作放在突出位置，十分注重毕业生就业服务品牌的提升，倡导"为学生终身职业能力提升服务"，积极开展各种形式的就业指导工作。学校不仅培育出了好人才，而且好人才都找到了好工作，甚至，不少人才走向社会后，成为创业成功的典范，让"精准扶贫"开出朵朵绚丽的花朵。

要让学生就业好，不是件容易事。自从托管以来，一方面，天坤国际教育集团根据优蓝国际调研反馈的市场人资信息，及时调整了学校专业设置，让学校培养的人才随时是市场的"香饽饽"。另一方面，天坤皖北经济技术学校不断强化服务学生措施，通过开展职业生涯规划、创业教育、就业指导、优秀毕业生返校报告会和"就业之星"宣传等形式，让学生明确目标与规划，有的放矢地实现优质就业。推行"就业承诺制度"、"就业工作包保责任制"和"就业导师制"，实现全员参与、全程指导、全程管理的就业指导，并与上百家知名企业建立了紧密型"零距离"校企合作关系，实行"订单培养"，拓宽了学校生存和发展的空间。除此之外，学校还创新性地推进就业跟踪反馈管理。对学生就业、市场需求、人才走向、能力要求进行全面跟踪和分析，并及时反馈，有效指导学校人才培养工作。

2、新经济模式探索

2017 年 4 月 18 日，CCTV7 摄制组长时段全方位现场采访报道皖北经济技术学校培训部组建电商服务中心，免费帮农户卖特产的报道，引发社会广泛关注。据报道，2017 年 3 月中旬，天坤皖北经济技术学校电商专业学生组建电商服务中心，在学校专业老师的指导下，不到 3 个月时间，电商服务中心共接到 600 余份订单，销售额 10 万余元。临泉县的农业五宝"虎头姜、领头羊、芥菜、谭笔、贡文王"等农特产品在网上热卖，上千农户直接受益。不仅如此，天坤皖北经济技术学校电商服务中心依托学校人才优势，携手该县 20 余个专业合作社培训电商人才，帮助 20 个贫困村建起了特色农产品网店，成为农民致富好帮手。

电商扶贫仅仅是天坤皖北经济技术学校服务地方经济诸多举措中的一项。近年来，学校紧紧围绕临泉县"交通先行、工业突围、农业转身、城乡统筹、全民创业"的发展战略，充分利用自身人才和技术优势，积极拓展职业培训市场，主动与该县农业局、人社局、商务局、扶贫办、就业中心等单位联合办学，开展大规模技术培训，力求实现开设一项专业、拉动一个产业、带富一方群众的目标。

多年来，县政府综合开发并利用全县职业教育培训资源，将县农委、人社、卫生、农机、教育等部门的各类培训整合到皖北经济技术学校，2016 年以来学校重点实施农村劳动力转移培训阳光工程，大力发展中短期培训，以促进劳动力转移，促进下岗职工再就业，培养了一大批高素质技能型人才。天坤皖北经济技术学校先后与临庐产业园、经济开发区等 20 多家县内龙头企业合作，共计培训技术人员及产业工人 2000 余人，大面积提高了县域内支柱产业从业人员的素质，受训人员大部分成为企业的技术骨干，有的成功创业。

与此同时，在建设好培训基地的基础上，天坤皖北经济技术学校加强与种养大户的联系，广辟挂牌联点培训基地，使职业教育走下黑板，走进乡村，走上田间地头。学校先后开设生姜栽培、油菜培管、畜禽养殖与防疫以及农机使用等农村实用技术培训，共培训农民近 10 万人次，年均培训 3 万人次以上，培训过的学员当中，不少已成为"有文化、懂技术、会经营"的新型农民，充当了临泉县现代农业的领军人物，成为基层致富的领头羊。皖北经济技术学校立足地方实际，聚焦"精准扶贫"，造福一方百姓的办学成果获得广泛赞誉。2016 年 12 月 12 日，安徽省省委副书记信长星视察天坤皖北经济技术学校说："天坤皖北经济技术学校职业教育和劳动力培训、混合所有制改革、脱贫攻坚，为推进临泉经济健康发展做出了很大贡献。"2017 年 3 月 18 日，国家食品药品监督管理局副局长吴浈在学校调研指导工作时称赞："扶贫扶智，让临泉的孩子们接受到更良好的职业教育，是一件大好事"。

## 4.经营管理：天坤宿州环保工程学校

为贯彻落实国务院《关于加快发展现代职业教育的决定》以及省、市关于加快发展现代职业教育有关规定，加快泗县职业教育发展步伐，提升泗县职业教育办学水平，满足全县初高中学生和就业创业青年对优质教育和技能培训的需求，促进产业转型升级，加快县域经济和社会发展，根据有关政策法规，结合泗县职业教育发展实际，泗县人民政府多次考察调研，反复论证，经与天坤国际教育集团多次协商，就宿州环保工程学校（泗县职教中心）委托管理事宜达成协议，2017 年 4 月 16 日正式签订托管协议。政府将公办中职学校，委托给有天坤国际教育集团进行管理，借助其优质的教育资源和灵活的办学机制体制，实质性推进校企深度合作，成为破解当前中等职业教育发展难题的一剂良药。宿州环保工程学校委托管理仅仅几个月，办学优势已见端倪。上海优质教育资源和天坤国际教育集团创新型办学管理机制体制的引进与植入，带来了办学规模质量效益的提升。托管后第一年招生突破 1000 人，创历史新高；设置差异化专业，增加学校吸引力和美誉度；创新德育工作模式、植入天坤企业文化，使得校园风貌发生明显改观；管理干部和专业教师培训更具实效性，学校发展呈现出良好的态势。

**一、实行委托管理的政策依据**

1、国家中长期教育改革和发展规划纲要(2010-2020 年)明确指出："坚持教育公益性原则，深化公办学校办学体制改革，健全政府主导、社会参与的办学体制。积极鼓励行业、企业等社会力量参与公办学校办学。各地可从实际出发，开展公办学校联合办学、委托管理等试验，探索多种形式，提高办学水平。"

2、国发〔2014〕19 号《国务院关于加快发展现代职业教育的决定》明确指出："积极支持各类办学主体通过独资、合资、合作等多种形式举办民办职业教育；探索发展股份制、混合所有制职业院校，允许以资本、知识、技术、管理等要素参与办学并享有相应权利。探索公办和社会力量举办的职业院校相互委托管理和购买服务的机制，健全政府补贴、购买服务等制度，鼓励社会力量参与职业教育办学、管理和评价"。"加强行业指导、评价和服务。通过授权委托、购买服务等方式，把适宜行业组织承担的职责交给行业组织，给予政策支持并强化服务监管。"

3、国发【2016】81 号《国务院关于鼓励社会力量兴办教育促进民办教育健康发展的若干意见》指出：推广政府和社会资本合作（PPP）模式，探索举办混合所有制职业院校。

从政策层面上，国家鼓励支持创新职业教育办学模式，探索多元主体合作办学。

**二、托管前办学现状**

2015 年 9 月，经市政府批准，泗县职教中心改制为以资源环境类专业为特色的中职——宿州环保工程学校。改制运行一年多，学校并没有走出招生难、缺乏专业师资、服务地方企业新兴产业发展的能力弱、产教融合校企合作的面窄、毕业生就业质量不高等困境。这些问题既有属于全国同类学校共有的，也有属于泗县职业教育特有的。泗县县委政府和作为主管部门的教体局，在托管前为谋求学校发展做了大量工作，但问题并没有得到根本解决。这种状况继续下去，不仅服务地方经济社会发展的作用不能得到发挥，还会逐渐成为政府的包袱。

泗县人民政府经与天坤国际教育集团多次洽谈，做出将宿州环保工程学校委托给天坤国际教育集团管理的决定。天坤国际教育集团为扩大人才"蓄水池"，争取做大与职业教育合作底盘，本着权利与义务对等、合作共赢的原则，做了大量前期工作，制定了委托管理办学发展规划，体现了合作的诚意。

**三、合作办学的优势**

天坤国际教育集团是一家教育投资管理公司，其核心产业有三块，一是职业教育，二是人力资源开发，三是互联网平台。其中职业教育，在全国有直属学校近30所、合作学校1000多所[14]。安徽省内阜阳临泉皖北经济技术学校2015年9月与天坤国际教育集团达成托管（合作办学），合作前和宿州环保工程学校处境十分相似。从天坤教育已经合作办学的学校来看，带来的变化是教师积极性空前高涨、专业建设得到快速发展、教学质量得到全面提高、毕业生就业质量得到提升、学校规模得到快速发展、助力地方精准扶贫、技能培训效果显著。学校还是原来的学校，校长还是原来的校长，老师还是原来的老师，政府财政投入的标准也没有增加，与天坤教育合作后，学校快速发生巨变，这种变化是因为PPP合作办学模式发挥的作用，其优势表现为：

关系上，相互平等。双方是协议合作关系，而非买卖交易或承租承让关系，关系平等，优势补充，相互支持，相互监督。权利上，各尽其职。

---

[14] 天坤国际画册[EB/OL]. 天坤国际
tking.com/media/天坤自媒体/职教集团画册/.

地方政府与天坤国际教育集团以协议和授权形式明确双方权利与义务。政府重在硬实力建设，天坤国际教育集团重在软实力提升，双方目标明确，分别履行协议约定的权利与义务，各尽其职，各负其责。性质上，坚持国有。双方合作坚持三个不变的基本原则，即"学校国有性质不变，教师公办身份不变，政府对学校的财政保障不变"，保留学校国有公办的基本属性，明确政府的基本职能，减轻了企业投资压力，增强了企业参与政府公共服务的信心。管理上，管办分离。合作后学校引入民营机制，由天坤国际教育集团按协议内容承担办学责任和办学风险，自主管理，自负盈亏，独立承担民事责任，独立享受民事权利。政府给予政策支持和业务指导，行使监督和管理职能，政府与学校管办分离，学校办学自主权得到充分保障。

效益上，合作双赢。双方摒弃零和博弈，共谋发展，各得其利。政府强调通过引入社会力量提高职业教育办学水平，助推地方经济发展，改善民生，创造社会效益。天坤国际教育集团强调蓝领人才培养和供给，通过职业教育投资办学，自主培养蓝领人才，建设蓝领人才蓄水池，促进蓝领人才外包产业发展，为企业创造可持续的人才外包服务效益。

PPP 合作办学模式的重点是合营，目的是合力，前提是合心，结果是共赢。实践证明，天坤国际教育集团在全国委托管理是成功的。从破解当前县级职业教育发展难题来看，用改革创新思路，引进先进的职业教育理念，打破体制机制上的制约，走高端对接、弯道超越，采用政企合作委托管理模式，宿州环保工程学校走的是一条职业教育创新改革的探索之路，值得给予理论和实践上的关注和支持。

## 5.快速发展：天坤青川高级职业中学

青川县高级职业中学是"5·12"地震后由浙江全额援建，拥有优良的硬件条件。然而，偌大的校园显得有些空荡，这正是近几年青川职高和青川县政府头疼之事。2014年，青川县初中毕业2300人，青川县高级职业中学招生250人；2015年，初中毕业1800人，招生150人；2016年，初中毕业1500人，招生99人。招生难度加大，发展危机加强，学校转型发展势在必行。

如何转型？2019年1月国务院发布《关于鼓励社会力量兴办教育促进民办教育健康发展的若干意见》，提出探索多元主体合作办学，推广政府和社会资本合作(PPP)模式，青川县从中确定了方向。2019年3月，青川县政府与天坤国际教育集团开展合作办学，开启改革之路。2019年，青川县高级职业中学招收340人，是2018年招生人数的3倍。

**一、入学签就业协议**

2019年秋季，青川县高级职业中学学生入学手续多了一项——签订就业协议。其中一条为，确保学生100%就业；安排学生实习就业单位为世界500强或国际国内行业领先企业，月收入实习期间为3000-5000元，转正后4000-8000元。青川县政府前期已进行充分考察，与天坤国际教育集团合作的企业多为世界500强，为这份协议提供了有力保障。

入学签订就业协议，如一颗定心丸，打消了许多家长的顾虑。2018年学生流失较多，但2019年有增无减，开学一个多月学生还在不断转入，2019年之所以短时间内赢得家长信任，使得学生有增无减，除了签订就业协议，另一最直观的原因是对学生管理的改变。合作办学以来，学校以德育为突破口，加强学生行为规范管理，在对学生严格要求的同时，建立兴趣小组，每周广泛开展各类文、体、艺、技能等兴趣活动，把规范要求与各种活动相结合。

目前，学生行为规范程度提高，学习兴趣增强，精神面貌焕然一新。学校24小时开放，家长随时可以进校参观，家长的认可成了最好的广告。虽然签订了就业协议，家长冯先富在女儿入学之初还是有些顾虑。他一有时间就来到学校，经过一个月的观察，得出结论："比原来初中管理还严格，放心了。"

## 二、新办特色专业

青川县高级职业中学探寻过去几年办学困境原因，认为专业设置脱离市场是重要因素。学校偏处一隅，对发达地区生产企业的人才需求缺乏及时了解，导致部分专业与课程落后，专业技能教学不能与市场接轨。这导致毕业生专业不对口现象明显、就业不稳定性突出，在家长和社会中造成了负面影响。合作办学后，天坤国际教育集团的教学研发团队在市场调研和大数据分析基础上，根据学校师资和实训设备基础，结合市场人才需求，对学校专业做出调整，暂停财会专业招生；依托原有旅游、电子、数控专业，分别增设高级乘务、手机与平板电脑主板维修、工业自动化机器人技术3个特色专业，实行差异化办学。

新设的特色专业对人才培养要求相对较高，培养成本也相对较高，但青川县有相当部分新生有就读特色专业的要求和条件，如果不开设，一部分学生就会到县外有这些特色专业的学校就读，反而增加了学生就读成本。在开办特色专业的同时，原有专业学生获得更高平台。2018年学校开展了合作办学后的第一次实习安置，来自青川县高级职业中学6个专业的近100名2015级学生被分配到福建奔驰、安徽奇瑞、安徽美的等企业进行为期6个月的顶岗实习，实习结束即根据其学业成绩和表现进行就业安置。过去学校难以与知名企业建立长期合作关系，而如今天坤国际教育集团现有的资源就等于青川县高级职业中学也拥有了。

## 三、办学结余全部奖励教师

专业教师知识陈旧、专业人才引进困难是青川县高级职业中学这几年面临的另一大困难。最大原因是以前管理不够科学，评奖评职称对年轻教师不利，教师缺乏积极性。合作办学后，学校推行精细化管理，县教育局与天坤国际教育集团制定了细化办学目标，并向学校下达了年度目标任务。为完成各类工作目标，学校以制度建设为抓手，完善管理、分解目标、落实考核，制定实施了《教职工出勤条例》、《学校财务管理办法》、《班主任工作考核办法》、《绩效工资考核办法》等系列管理制度。

过程考核、目标考核细化明确，评价考核更加精细，体现到教师收入上都是实打实的。学校实行企业化管理，全体教职工定岗、定量、定目标，绩效和各项津贴均实行考核发放，由于精细化管理产生的办学结余，全部用于奖励教师。此外，学校实行末位淘汰机制，每年允许天坤国际教育集团对教职工实行3%-5%的末位淘汰率，被淘汰教职工由集团提供培训提高再上岗机会，仍不能胜任岗位的则由县政府负责从该校调出，天坤国际教育集团与其解除聘任关系。提升教师专业水平是青川职高的另一当务之急，合作办学以后，该校教师获得了更多培训机会和更高学习平台。

"接触到很多行业精英，对行业前沿有了更深了解，感受到现在教学培养上的滞后。"汽修专业教师何伟不久前参加了天坤国际教育集团组织的全国职业院校汽车研讨会，他对获得更宽广的视野和更多提升机会感到振奋。不仅培训机会增加了，教师参加培训的状态也有很大改变。"说实话，以前，参加培训最重要的就是报销补贴，现在，培训回来必须搜集课件、写总结、作全校报告和专业内部交流"。目前，PPP合作办学模式还未被社会广泛知晓和接受，随着合作办学的推进，学校在3年内能实现"装满1200人"的目标，并且立足青川，面向甘陕发展。

# 第二节 二级学院

## 1.概念

### （一）"双主体"合作模式

校企共建二级学院合作模式是一种"双主体"合作模式，是高职院校普遍采用的一种模式。"二级学院"是指依托高职院校已有专业，校、企共同投资、共同建设、共同管理的股份制二级学院。它是由高职院校与企业共同投资创建的，一般由企业集团、大型企业或较具有一定实力、资金雄厚的中型企业提供巨额资金，负责办学所需硬件，包括校园设施、设备，后勤设施建设以及后勤服务等。高职院校主要提供软件建设，即负责办学管理，包括如教师聘任、人员聘任、教学计划制定、从招生到毕业的整个过程管理等。该办学模式使得有远见卓识的企业投资主体能够从投资高职教育中获得长期的教育投资的回报；而高职院校也因此可以解决建设资金的不足，从而可以不断增加教育资源，实现自身的发展。依据合作内容的不同，我国行业高职院校目前校企合作共建的二级学院大致可以分为三种类型：一是以全日制学生培养为主的二级学院；二是全日制学生培养和企业员工培训并重的二级学院；三是以企业员工学历进修和培训为主的二级学院。在投资形式上，不同的二级学院也有所不同。

与高职院校采用公办机制和模式举办的二级学院不同，校企共建的二级学院通常具备以下几个特性：一是投资主体的社会性，二级学院是我国高职教育领域内投资主体多元化和混合所有制经营管理模式的一种表现形式。它的投资主体主要是企事业单位以及其他有合作能力的社会机构等，高职院校多以专项经费给予支持。二是办学主体的多元性，即举办者是两个或两个以上的法人主体。高职院校和合作企业共同拥有二级学院的管理权和支配权。高职院校主要是投入成熟的教学管理经验等无形教育资产以及高水平的教师和教育管理人员；合作企业不仅要提供二级学院办学所需的各项条件和设施，还要提供实践教学的师资、实训环境等，参与学院的管理、监督和领导。

**（二）具有相对独立性**

二级学院与母体高职院校之间不是简单的上下级关系，不是学校与其下属的一般二级学院的领导与被领导的关系，而是一种"托管与被托管"的关系。二级学院一般实行理事会或董事会领导下的院长负责制。院长一般由合作企业的高层领导担任，执行副院长由熟知高职教育教学管理的专业人士担任，校企双方各派人员，同时吸收外部知名人士共同成立理事会，负责二级学院的发展规划制定、教育教学改革、人力资源配置、实训实习环境建设、收益分配等重大事项的讨论与决定。这种独立性可以弥补高职院校对市场的把握不够，开拓高职院校的办学思路。首先是合作的全程性，如果将我国高职院校的校企合作分为初级、中级、高级三个层次，那么校企合作共建二级学院将属于中级层次的合作，是一种较深层次的合作。校企双方借助二级学院这一载体实现招生、人才培养方案制定与实施、课程开发、教学评价、师资队伍建设、实训实习基地建设到学生就业等人才培养的全过程合作。其次是合作的针对性。校企合作共建二级学院一般是因企业的需求而产生。其人才培养目标、培养内容等都需要满足企业的需求。因此该模式具有很强的针对性。

### (三)企业市场观念的影响

企业共建二级学院尽管不能作为其盈利的手段，但对企业这一经营性组织来说，保持资本的增值是其投资行为的底线，这是社会主义市场经济体制所决定的。众所周知，教育的发展往往是滞后于市场经济的发展。长期以来，我国高职教育一直是在政府的直接领导下进行的，由此形成了高职院校通过政府与社会发生联系，或者说高职院校本身并不直接与社会进行资源交换，没有真正形成高职院校面向社会自主办学的体制。在市场经济体制下，高职院校更需树立市场意识，以市场机制来保障企业的合法权益，保证企业资本分享办学收益，满足资本的逐利性要求，从而激发企业以主人的身份积极参与校企合作，调动企业进行合作的积极性和主动性。

合作是个人与个人或群体与群体之间为达到共同目的,彼此相互配合的一种联合行动、方式。它是一种双向行动。企业有了需求，还需要高职院校能敏锐地捕捉到。目前,我国高职教育校企合作虽然在各方努力下有所进展，但总体上政策环境、企业的合作意愿还是不容乐观。在此环境中，高职院校要改变"我可以从企业那里得到什么合作"的合作理念为"我能为企业提供什么样的服务"，要有敏锐的市场意识，任命一批人员专职于校企合作市场的开拓。这种主动服务意识将影响着高职院校能否从企业那里获得更多的合作。

校企共建二级学院是一种股份制的合作行为，应遵循市场化的运作机制。这对高职院校来说，是管理上的一种挑战。教育是一种公益性事业，不以营利为目的，而高职院校又不可回避企业在办学中的收益问题。因此，对高职院校来说，能否做到"一校两制"，将校企共建的二级学院作为"特区"，施以"特事特办"的管理方式，是一种在学校管理体制机制上的极大挑战。创新管理体制，既要保障合作企业的收益，又要维护教育的公益性；既要施以特殊政策保障合作办学成效，又要平衡学校内部的利益。

### 2.云南旅游职业学院

#### 一、学校合作背景

云南旅游职业学院文化艺术学院成立于 2016 年，由云南旅游职业学院原艺术体育系改建而成，主要培养旅游及文化艺术行业所需的复合型应用人才。目前拥有民族表演艺术、人物形象设计、工艺美术品设计、空中乘务、高速铁路客运乘务等五个专科专业。共有教职员工 32 人。其中，副高 5 人，讲师 6 人，博士 1 人，硕士 9 人。其中校内有民族表演实训室、模拟机舱实训室、高铁实训基地、形象设计实训室、工艺美术品实训室、形体房、大礼堂等 10 多个实验实训室。校外则与东方航空公司、昆明机场百事特服务公司、云南机场地面服务公司、昆明铁路局等多家企事业单位合作建立了 20 多个校外实习实训基地。随着我国铁路建设的发展，截至 2019 年底，全国铁路营业里程达到 13.1 万公里。为适应省内交通行业人才供给发展需求，高速铁路客运乘务专业建立的迫切性变得凸显。尤其是具有专业高素质的员工队伍，因此培养高质量的铁路员工就成为当前的合作基础。

#### 二、专业共建基础

云南旅游职业学院文化艺术学院高速铁路客运乘务专业于 2018 年 9 月

开始招收学生，招生人数就已达到 286 名同学。专业基于空中乘务专业有十多年办学经验，现在有完整的人才培养方案及各项专业课教学计划、教学大纲、考试大纲。学院为丰富教学内容，让学生更快、更好、更全面的适应工作，已建立高铁模拟舱、高铁实训基地，包含候车室、售票厅、安检、检票闸机等设施设备。并配备了具有优秀丰富经验的双师型教师（具有国家级普通话测评员、航空乘务员教员、高级礼仪培训师等职业资格证书）以及曾在铁路一线部门做过乘务员具有工作经验的教师，按照个人特色及专业分配教学科目，设置了以下专业课程：高铁概论、铁路客运组织、高速铁路客运服务、高铁乘务员形象塑造、高铁面试技巧、高铁英语口语、高铁乘务安全管理与应急处置等课程。待到毕业时，无论专业理论基础，还是形体仪态，服务实训等各方面都打造成为适合铁路专业对口的优秀毕业生。

**三、锻造高素质高铁人才**

天坤教育在中西部地区投资职业教育院校近 30 所，10 万余学生储备，多种模式合作办学 1000 余所，每年为近 30 万名学子提供优质的管理和前沿的教育资讯。2018 年-2019 年间，天坤国际教育集团与云南旅游职业学院文化艺术学院进行合作，共建高速铁路客运乘务专业。在产教融合的基础上，双方展开了深入的合作。在校企合作的具体实践中，天坤国际教育集团参与共建专业的日常管理，并为学校提供师资力量。目前在双方的努力下，与全国各地的各铁路局建立了良好的合作关系，且是广铁集团唯一人才外包方。

目前，学院专业人才培养与招聘、用工、管理实现了无缝对接。通过校企合作，培养更多的高级技术、技能型专业人才，目前学生招生入校便签订预就业协议，毕业后可从事铁路客运服务、行车调度指挥及安全类工作等岗位。云南旅游职业学院文化艺术学院与天坤国际教育集团在 2018 年 6 月签订校企合作协议，就文化艺术学院"高速铁路客运乘务专业"开展多维度，深层次的校企合作。合作方式主要有在校方的监督指导下负责"高速铁路客运乘务"专业的招生工作(招生宣传、咨询解答、迎新接待、专业介绍)、专业建设、学生管理、专业基础课及专业技能课教学(含理论教学及技能训练)、学生专业对口实习、就业等工作。该专业培养适应现代高铁服务业发展所需的,具备高铁服务基础理论知识,能熟练掌握高铁客运服务专业知识、职业技能,具有良好的身心素质、职业道德、沟通协作能力、较高英语口语水平、计算机操作能力、终身学习和创新创业能力,从事高铁列车乘务或车站客运服务以及管理岗位的高素质技能型专门人才。

**四、校企合作成果初现**

自 2018 年校企合作共建高速铁路客运乘务专业以来,目前高速铁路客运乘务专业有在校生 256 人,6 个班级。随着云南省经济发展的增快,人口流动的加速,高铁作为沟通联系的渠道的作用愈加明显。

| 班级 | 1801 | 1802 | 1803 | 1804 | 1805 | 1806 | 合计 |
|------|------|------|------|------|------|------|------|
| 人数 | 43 | 44 | 40 | 43 | 43 | 43 | 256 |

表 4 高速铁路客运乘务专业在校生情况

目前高速铁路客运乘务专业进入高速发展时期。共建高铁专业分为 6 个学期,开设课程 20 门,总课时数达到 786 小时。所涉课程包括高铁概论、职业素养、铁路运输安全、职业认知、班组管理、播音技巧、应急预案、管理规划等诸多方面。

| | 第一学期 | 第二学期 | 第三学期 | 第四学期 |
|---|---|---|---|---|
| 开设课程门数 | 3 | 4 | 7 | 6 |
| 课时数 | 118 | 144 | 252 | 272 |
| 课程名称 | 高铁职业素质<br>高铁概论<br>铁路运输安全 | 高铁职业素质<br>铁路客运规章<br>客运安检<br>职业认知 | 高铁职业素质<br>客运班组管理<br>高铁广播播音技巧<br>轨道交通票务管理<br>铁路员工法律法规<br>高铁客运组织与服务<br>动车组安全应急预案 | 高铁面试技巧<br>高铁服务实训<br>高铁舱操作实训<br>现场急救知识与操作<br>动车组列车设备实施<br>高铁职业管理规划 |
| 6个班级每学期课时总和 | 708 | 864 | 1512 | 1632 |
| 总计 | 4716 | | | |

**表5 高速铁路客运乘务专业课程情况**

此外，标准化管理的方式，为学校的教学管理、学工管理提供了标准化管理教学可能。在文化艺术学院，高铁乘务专业是新近出现的，适应了职业教育方式新型专业，实践性强，可操作性强。通过量化的操作方案，将教学任务分解，细化到学生入学、组织、教学、学习、效果反馈等所有环节，有助于教学任务的保质保量地完成。

经过为期两年多年的合作，云南旅游职业学院文化艺术学院高速铁路客运乘务专业完成了在校"企业实训"，符合现代高铁专业的素质人才培养理念，对口各大铁路单位口，保证了学校-就业这一环节的平稳运行。

| 序号 | 教学管理标准化事件 | 学工管理标准化事件 |
|---|---|---|
| 1 | 准备开学典礼 | 班级常规 学习纪律检查 |
| 2 | 参加开学典礼 | 巡班 |
| 3 | 准备理论课 | 常规听课 |
| 4 | 实施理论课 | 组建班委及小组长 |
| 5 | 组织所带班级的内部测试 | 召开班委会 |
| 6 | 批阅、分析内部测试成绩 | 每学期 开学召开主题班会 |
| 7 | 把班级交给其他讲师 | 与专业课老师当面沟通学校学习情况 |
| 8 | 从其他讲师处接班级 | 与不交作业的学生谈话 |
| 9 | 与班主任当面沟通班级的学生学习情况 | 与出勤不好的学生谈话 |
| 10 | 与问题学生谈话 | 与跟不上学习进度的学生谈话 |
| 11 | 配合班主任做第三次学生访谈 | 与学生家长电话沟通学生情况 |
| 12 | 实施学生考勤，管理课堂纪律 | 组织开班仪式 |
| 13 | 批改和点评作业 | 第一次阶段性学生访谈（学生基本情况访谈） |
| 14 | 制定学生自习计划 | 第二次阶段性学生访谈（学生学习情况访谈） |
| 15 | 准备参加公司讲师认证培训 | 第三次阶段性学生访谈（本学期学习目标及要求） |
| 16 | 听示范课 | 第四次阶段性学生访谈（学生升学意向访谈） |
| 17 | 试讲课程并总结 | 满意度调查 |
| 18 | 命制各类测试题 | 组织学生活动 |
| 19 | 提供毕业学生技术评价 | |
| 20 | 实施毕业班学生模拟面试 | |

表6 高速铁路客运乘务专业标准化方案

# 第三节 现代学徒制

## 1.概念

现代学徒制源自德国、英国等西方国家。20世纪80年代后，我国在充分吸收西方学徒制的经验上引进了现代学徒制。德国的双元制是现代学徒制的基础，其特征是立法体系的保障。自1969年，德国《职业教育法》颁布以后，双元制获得了法律地位，企业与国家、政府密切联系在一起。

当前"现代学徒制"在国内职业教育领域中越来越流行，现代学徒制是推进我国现代职业教育体系建设的战略选择，是深化校企合作和工学结合人才培养模式改革的有效途径。现代学徒制又称新型学徒制，是将传统学徒制融入学校教育因素中的一种职业教育，是职业教育中校企合作的一种新形式。他们把一部分时间用在企业生产上，一部分时间用在学校，甚至是生产和学习上。这样既能解决青年就业问题，又能帮助企业获得高层次人才，促进经济发展。

目前在我国的职业教育体系中，学生很容易掌握基本的理论知识，但实践能力不强，导致大部分应届生到了企业，找不到自己的岗位，无法满足企业的需求。同时，在实习中，企业往往更注重使用而不是培训。学生被企业视为廉价劳动力，频繁跳槽，在很大程度上制约了新技能人才的培养。而天坤学院的模式则有效地促进了现代学徒制的落地施行。

## 2.天坤成都纬创学院

### 一、办学背景

天坤纬创学院成立于 2015 年 1 月,是由纬创资通(成都)公司和天坤国际教育集团与宜宾学院(国家公办二本院校)开展深度校企合作,以成人高等学历教育为主,企业职工教育,中、高等职业技能培训于一体的,定向培养企业技术人才的新型基地。天坤成都纬创学院运用企业的强大技术实力和管理经验、运用普通高校的雄厚师资,贯彻职教理念、创新培养模式、科学制订计划、精心设计课程、精选教学人员、精细管理规范、精心服务学生,确保学生成人、成才、成功。学校本着为学生成人、成才、成功服务,让学生、家长、社会满意的办学宗旨,坚持"德育为本,能力为主,需求为先"的教育理念。以"准军事化管理"、"校企合一"、"工学交替",校园文化与企业文化零距离接轨为办学特色;以让学生"厚德精技、坚韧自强"为办学目标;学院实行的"三三制"产教结合、定向培养的运作模式,着力让学生成为企业不可缺少的专业人才。

天坤学院以《国家中长期教育改革和发展规划纲要(2010-2020 年)》为指导,贯彻国务院《关于大力发展职业教育的决定》精神,坚持政策、法律法规为准则,民生教育为根本,企业需求为出发点,充分借鉴德国"双元制"职业教育模式,通过校际合作、校企合作的形式,采用工学结合、工学交替的人才培养模式,挖掘学生潜能,提高学生能力,培养出高素质、高品位、高收入、多用途的复合型中、高级技术人才。

### 二、运作模式

(一)建立与企业紧密结合的"教学—实践"基地

以天坤国际教育集团、台湾纬创集团(纬创资通(成都)有限公司)在成都双流共建的"产教融合,现代学徒制试点暨天坤成都纬创学院"为依托,与全国各地职业院校采用"2+3"校际合作办学(即前两年在生源地学校就读,后三年在天坤成都纬创学院就读,三年均执行天坤成都纬创学院教学计划）。合作期间，天坤成都纬创学院成为当地的办学成员单位，纬创资通（成都）有限公司是在成都的教学、实习基地。双方以此为基础在管理、师资、投入等层面上形成长期深度密切合作，达到资源共享，发展共赢的办学效果。

（二）教学、实训目的

通过"教学、实训基地"的教学与实训，让学生在课堂学习、技能实训与企业的生产实际有机结合，以利于学生牢固掌握世界最先进的计算机等电子产品的生产、维修与运用的基础知识和专业技能。让学生成为世界最新计算机生产企业的技术骨干和管理骨干，以达到学生实现高品质就业和高工资收入的目的。将职高三年级的文化基础课、专业理论课的学习与顶岗实习实践教学有机结合，克服学生基础理论枯燥无味，顶岗实习喊苦喊累的弊端。在教学活动中采取在学习中运用，在运用中学习，保证学生在校三年学习过程的基本连续性，提高学生的学习效果和就业适应能力，提升学校管理过程中学生的巩固率和成材率。在合作院校设立冠名为"成都纬创计算机运用与维修技术员专业班"、"成都纬创电子电器运用与维修技术员专业班"，其目的是让学生明确今后的职业方向和拥有高质量就业的企业所需的专业知识和专业技能，定向为企业量身打造中、高级计算机生产和电子产品生产的技术人员和基层管理人员。

（三）教学实践模式

学院与合作院校制定统一的三年教学计划，将学生所学专业的通识课程、专业课程、企业课程（含基础课程和专业课程），实训实践、顶岗实习教学内容化分整合为四个模块，前两个模块课堂教学 3 个月，实践教学 3 个月，共计 12 个月；后两个模块课堂教学 6 个月，实践教学 6 个月；四个模块总计 36 个月。通识课程和部分专业课程由学院教师授课，部分专业课程由合作院校教师授课，企业课程由成都纬创指派的工程师和讲师授课。模块式"教学—实践"交替教学活动在学生正式进入天坤成都纬创学院后由学院按照教学计划和教学目标实施完成，并按照《天坤成都纬创学院计算机应用与维修专业（技术员方向）教学计划》、《天坤成都纬创学院电子电器应用与维修专业（技术员方向）教学计划》等要求执行。

（四）管理模式

制定统一的《德育打造计划》，确定三年一贯制实施方案，严格按照计划和方案共同实施德育教育和学生管理。学生移送至成都校区后，管理和教学均由天坤成都纬创学院教师承担。学生通过四个模块的学习和实践，便基本全面掌握了计算机等产品生产的基础知识和基本技能，熟悉了生产工艺和生产流程，基本具备了胜任技术员的一般能力。第四轮顶岗实习进入纬创资通（成都）有限公司各车间、部门担任技术员、助理工程师、工程师或基础管理工作。

**三、现有实践成果**

目前，从天坤成都纬创学院的实习就业数据来看，通过抽样发现，15级、16级、17级连续3年的就业率都达到了100%，毕业生在企业获得了优质的岗位。如17年入校171人，企业在职43人，就职于纬创资通就业的人数达到了25%。说明，在校企合作有助于企业自主培养人才，利用人才，极大地提高了企业人才的培养的质量。

| 年级 | 入校 | 企业在职 | 就业率 | 优质岗位率 |
|---|---|---|---|---|
| 15级 | 107 | 43 | 100% | 46% |
| 16级 | 171 | 43 | 100% | 39% |
| 17春 | 43 | 30 | 100% | 43% |

**表3 天坤成都纬创学院实习就业人数**

此外，由下表可以发现，天坤成都纬创学院从15年到19年间，累计招生682人，毕业人数629人，毕业率92.2%。毕业率超过了九成以上，说明学院培养较为稳定。其中16级人数最多，达到了171人。截至目前最新数据，19级由140人毕业，毕业率高达95.9%.校企合作的背景下，将企业设在工厂，不仅有利于学校定制培养方案，全方位为企业岗位需求服务，也能更好地实现毕业生与企业的对接，实现高值、高效的人才培养。

| 年级 | 招生人数 | 毕业人数 |
|------|----------|----------|
| 15级 | 107 | 105 |
| 16级 | 171 | 140 |
| 17级 | 139 | 129 |
| 18级 | 119 | 115 |
| 19级 | 146 | 140 |

表4 天坤成都纬创学院招生毕业人数

# 第四节 中德学院

## 1.概念

中德学院是天坤国际教育集团旗下苏州易北教育科技有限公司负责运营的高端中德职业教育合作项目，是将"原汁原味的将德国职业教育"引进到中国，培养高技能智能制造人才的高端职业教育产教融合项目。从2014年开始，苏州易北"德国标准教育+高质企业就业"的模式得到苏州、东莞、重庆等多地人社部门的认可，通过政企合作、校企合作等多种模式，与东莞技师学院、苏州高等职业技术学校、台州职业技术学院、河南化工技师学院、重庆永川职教中心、济宁技师学院、无锡技师学院、东台海鹏职业培训学校、绍兴技师学院九所院校合作开设"中德学院"智能制造项目，在籍学生3000余人，同时还与近100所高职院校就"中德大师班"、"大国工匠班"等校企合作项目达成合作。预计到2022年，天坤易北的合作院校将突破100所，在籍学生超过1万人。

2014年，苏州易北教育科技有限公司协助苏州高等职业技术学校正式成立中德职业技术培训中心。中心定位于"位于高新区、服务高新区、融于高新区"，目标是通过引进和借鉴德国职业教育的先进理念和标准实现本地职业教育的"一心五化"，即"以培养具备国际视野的高水平技能型人才为中心，实现教学内容体系化、教学标准国际化、教学管理规范化、教学方式人性化、教学质量标准化"。目前培训中心主要培养机电一体化与数控技术的专业人才，同时中心也是德国工商业联合会(IHK)和德国手工业联合会(HWK)认证的培训和考试中心。中心在一手抓优质教育的同时，另一手抓优质就业，力争为人才找到最合适的岗位实现优质教育和优质就业的无缝对接。

2014年，苏州易北教育科技有限公司与东莞技师学院正式签约，共建"学习型工厂"和"德国BBW大学（东莞）师资培训基地"。开办机电一体化、数控加工、机械产品设计、模具设计与制造专业、汽车机电、现代物流等6个专业。"德国BBW大学中国（东莞）师资培训基地"能承接广东省乃至全国技工院校部分师资培训任务，为职业教育发展提供持续的人才支撑。东莞技师学院通过合作，引进先进职教理念，接轨国际职业标准，走出了一条"技能+学历+国际职业资格证书"的本土化高技能人才培养特色办学之路。组织部副部长、人社部部长尹蔚民亲自视察东莞市技师学院中德办学情况并给予高度认可，人力资源与社会保障部汤涛副部长等领导也在第15届中国国际人才交流大会亲临东莞技师展会，该项目年接待国内外参观来访团累积200余次，是当之无愧的职业教育标杆。

2016年，苏州易北教育科技有限公司与河南化工技师学院、德国BBW教育集团正式签署战略合作协议，成立中德高技能培训中心。中心结合德国双元制培养模式，日常教学团队由德国外教和中方教师共同组成，教学过程按照德国职业教育的标准、流程、内容展开，理论与实践的并重，运用项目制教学打通所有课程之间的横向联系，锤炼学生的专业能力、社会能力、个人能力，培养符合全国优质中外资企业要求的高技能高素质综合性人才。中心在抓教育的同时，也注重学生的优质实习就业，力争实现优质教育端和优质就业端的无缝对接。正是在先进的教学模式中，河南化工成了世界技能大赛培训基地，中德高技能培训中心培养出了世界技能大赛正选选手贺江涛，他将代表中国出征俄罗斯喀山，这也标志着我们培养高技能高素质的人才目标已见成效。

2017年，由苏州易北教育科技有限公司负责整体运作，台州职业技术学院与德国BBW职业教育集团合作成立的二级学院。学院借鉴德国"双元制"办学模式，引入德国工商业联合会（IHK）标准，由德国培训师全程主导实训教学，实行小班化授课，旨在培养适应区域产业需求的国际化中高端技术技能型人才。学院开设3个专业，均由德国外教授课，小班化教学，在校生320人。现有专任教师15人，其中德国培训师3人；中方培训师7人，均拥有德国IHK培训师资格证书；理论教师5人，全为双硕士或博士学历。毕业生同时考取德国IHK国际通用资格证书，实现高薪就业。台州中德学院结合台州区域制造业向产业价值链最高端发展的需求，借鉴德国双元制职业教育模式，引入德国IHK标准的优质教学资源、先进教学方法和国际化考核机制，通过德国外教和中方教师的联合授课，采用行动导向的教学方法，实施实训项目和学习领域课程有机融合的一体化教学和科学专业的考核评价，培养出既具有扎实宽厚的专业基础、娴熟的实践技能与广阔的国际视野，又能适应现代制造业国际化和高端化发展需要的高素质技能型人才。

## 2.高端中德学院模式

### 一、天坤中德模式的背景

德国职业教育一直是中国职业教育发展的一个重要参照和样本，德国制造享誉全球，特别是在高端制造领域更是引领全球。高端制造的行业不断为技能人才的培养提供新要求，高质量的技能人才又为产业领先提供源源不断的持久动力，这种产业和职业教育的共生和融合无疑非常值得中国职业教育从业者思考与学习。正是这种向往使得在中国，中德职业教育已逐渐成为中国职业教育的一个分支和细分，每年都有众多以"中德"为主题的研讨会和大量的文章和书籍的出版，很多院校也推出过各具特色的中德班或中德学院。中德职业教育的热潮更是催生众多专业机构的出现，同济大学作为一家与德国颇有渊源的国家级院校，也在教育部、中国职业教育技术学会的指导下，成立了中德职业教育联盟，以协调、指导和服务各学校开展高品质的中德职业教育。

在认真研究和学习诸多中德模式后，我们发现在中国还没有一种真正参照德国职业教育标准运作的院校，这里面涉及教育观念、教育体制、学校机制、人才培养、市场反馈等多方面的原因。得益与优蓝国际"人力资源"的背景，我们有机会与中国众多的中德合资和德资的企业交流和合作，我们深刻地感受到他们对于符合德国标准人才的渴求，以及对中国技能人才不足的一种无奈，这让我们下决心一定要探索出一种高端中德教育的模式。一个偶然的机会，我们与苏州易北教育科技有限公司结缘，他们一直从事德国职业教育在中国的推广，打磨近十年。苏州易北的总经理王克是德国职业教育的硕士，耳濡目染德国职业教育，这让他看到了德国职业教育模式在中国未来发展的机会。毕业回国后他便成立易北教育，致力于将原汁原味的德国职业教育模式引进到国内，他花了近10年时间，他联合苏高职、东莞技师学院等多所院校打造出按照德国模式设计运营和管理的智能制造二级学院，基本验证了这一高端职业教育模式在中国落地深耕的可行性。在了解到优蓝国际和天坤国际教育集团的资源、目标和愿景后，双方致力于共同将这种高端中德职业教育模式在中国普及和推广，易北教育与天坤国际教育集团进行整合，易北教育成为天坤国际教育集团中德职业教育事业部，致力于高端智能制造中德职业教育在中国的应用。

## 二、天坤易北模式分析

天坤易北中德智能制造高端职业教育模式的主要特征是将德国原汁原味的职业教育体系引进到中国，按照德国双元制人才的培养模式，在专业设置、课程体系、教学方案、专业师资、评价标准上均采用德国标准。为了让这种高端模式能在中国落地生根，我们与在中国的德资、中德合资和外资 500 强企业建立战略合作关系，直接输送高质量的人才，通过高质量的培训结合高质量的就业实现学生和企业的价值供应。如果用一句话提炼天坤易北中德智能制造高端职业教育模式，就是"德国标准教育+高质企业就业"。

（1）专注于打造智能制造专业群

众所周知，德国作为老牌装备制造业强国，德国在制造业方面的研究、开发和生产以及对复杂工业过程高效管理是其在全球装备制造业领先的基础。伴随着美、日等国"再工业化"战略的提出，为确保其在世界制造业的领先地位，提出了"工业 4.0"战略，再一次领先全球。学习作为德国工业体系的重要组成部分的德国职业教育，焦点和优势自然应该放在新一代的智能制造上面。一方面，学习就要学习核心内容和核心优势；另一方面，我们国家在制造业也提出了"中国制造 2025"战略，着眼于未来趋势。基于这样的考虑，天坤易北选择专注于"智能制造"领域的职业教育，聚焦打造优势。

结合德国的工业和职业教育的体系，站在中国制造 2025 的框架下，我们选择围绕智能制造，选择"汽车、机电、模具、数控"四个专业打造专业群，这四个专业作为智能制造的底层专业，不仅拥有各自专业深度，又能相互打通和延展，从而建构出智能制造的核心框架。同时聚焦 4 个专业，也有利于聚焦资源打造深度和强度，通过优势专业群引领打造专业体系竞争力，也能确保天坤易北"高端智能制造"持续保持领先。

（2）以德国智能制造人才标准为原点

德国职业教育体系的一大特点是由行业协会（IHK/HWK）牵头,组织各大企业根据生产要求讨论一致，然后通过国家层面公布立法，形成《框架教学计划》、《培训条例》等标准，再通过行业协会监督和发证，这样确保人才培养与行业用人需求相符合，从而让人才能真正具备从事职业的能力。同时德国职业人才标准包括专业能力、社会能力、方法能力和个人能力四大子体系，每个子体系都有明确的指标，人才培养的方向非常具体和便于评价。而在中国尚没有这样的明确的人才国家标准，正是这种职业教育制度上的差异，造成教育培训与用人脱轨、偏重于理论、培训标准低、缺乏教学监控、学生能力和用人单位要求偏差大。基于这种现实，天坤易北选择原汁原味地以德国智能制造行业的《框架教学计划》、《培训条例》为教育标准，统领所有的教育教学活动。

（3）实施基于现实场景的沉浸式系统教学

不同于我国职业教育采用的学科式教学法，易北教育采用项目制教学法实施教育。学科式教学法是基于单一知识的课程式学科教学，是将学习分成各不相同的课程，比如数学、物理、化学等，通过对不同科目的教授，最后形成对技能知识的掌握。学科式教学法更侧重知识的掌握，可以通过大量的考试得以验证，是一个更适合于基础教育的教学方法。而项目制教学法是基于现场或项目的沉浸式系统教学，以解决任务为导向，会依从简单到复杂的原则设计多个项目，通过项目的进阶，在过程中强化技能的学习，并获得解决问题的能力。相比较于学科式教学，项目制教学更强调理实一体、融入生产、以练带学，强调以多频次的实训来强化或内化技能的养成。具体来说天坤易北的智能制造教学就按照德国智能制造人才培养标准，将项目按照企业工作流程分成"信息、计划、决策、实施、检查、评估"六个模块，每个都需要学生沉浸项目中，按照教学标准，综合利用所学才能达成项目的完成。沉浸式系统教学打破单一学科知识的局限，更加强调综合系统知识的应用，辅以实训的场景和压力，最终实现"现场"技能的习得。

（4）以动态学习的过程实现技能内化

在传统中国式职业教育中，老师被定位于"教学主体"，是整个教学活动的主角，以"授"带"传"，从假设上认定理论优先于实践，强调知识的灌输。在这个过程中，老师的"授"是按照教学大纲或教材的"知识灌输"，脱离"实景目的"，学生的"传"就变成一种被动学习，通过死记硬背便可达成目标，这种教学方法也被很多人诟病为"填鸭式"教学。而天坤易北实施的德国式教学是一种"动态学习"的过程，学生处于整个教育活动的"主角"，是教学主体，老师更多是"教练"角色。教练布置"项目"，提出具体的项目要求，学生要按要求完成项目。具体来说，每个项目会依照从简单到复杂，从低到高的要求被分解为若干子项目，每个子项目又都按照"信息、计划、决策、实施、检查、评估"分解为六个模块，学生必须严格按照要求达成动作和结果目标。在这种要求下，老师输出"条件"，学生输出结果，学生首先必须要"动"，在"动"中应用"静"态知识，才能完成从条件到结果。一个简单的结果完成后再进入下一个结果导向的训练学习，这样在不断"实践现场模拟"中，学生最终内化知识形成技能，从而培养出符合实际生产需要的"即插即用"型的高技能熟练人才。

（5）采用互动式教学实现教学质量提升

基于沉浸式系统教学和动态学习的要求，天坤易北在教学方式上采取了与传统中国职业学校"大班教学"完全不同的"小班教学"。普通中国职业学校一个班级约为50-60人，天坤易北一个班的人数上限为"24人"，与德国职业学校保持一致。人数变化的背后是教育形式的不同，传统中国职业教育是一种"广播式"教学，这与传统"知识灌输"形成配套。教师的单向式讲授，如果人数越多，教学效率就越高。而天坤易北的小班教学则是一种"服务式"教学，老师围绕每个学生进行动态观察、活动、纠偏和教练，形象来说就是"老师围着学生转"，这样老师的服务边界就必须有上限，才能保证效果。这种教学形式的不同确保了学生技能达到"现场要求"，实现教学质量和人才培养质量稳定输出。为了摸索这种小班制在中国的应用，前期天坤易北在所有课程中均聘请德国老师授课，这一方面保证的教学质量，另一方面为培养中国师资，为后期提速应用创造了条件。

（6）实施"实践优先"的学生评价体系

在学生评价体系上，天坤易北采用的是"德国标准"，即学生毕业的标准以获得德国技能认证考试为依据。众所周知，中国学生毕业采用的是"笔试+论文+实操考试=证书"的模式，其中笔试+论文约占 90%，实操约占 10%。而天坤易北的学生评价则采用"笔试+实操考试+项目=证书"的模式，笔试仅占 10%，实操考试+项目则占到 90%，这与项目制教学法保持一致。为了完全实施这种评价体系，天坤易北联合 IHK（德国工商业联合会）、AHK（德国商会）和 HWK（德国手工业联合会）等德国机构监督教学，并联合开设技能鉴定考试，考试通过颁发德国认可的相关证书。学生因拥有德国技能证书备受企业认可，这种最终评价制度的配套落地，极大地增强了学生的竞争力。

（7）高质量就业验证培养模式有效性

天坤易北经过近十年的发展，通过学生高质量的就业验证了模式的有效性。据相关机构调研数据显示，普通高职学生毕业后薪资约为 3000+，毕业后 1 年跳槽频率在 1 次以上，多从事相对基础的岗位，毕业流向大小不一的企业均有。与普通高职学生相比，天坤易北毕业生境遇大有不同，毕业生平均就业薪资约为 5000+，跳槽频次约为每 3 年 1 次，毕业后 3 年擢升为工程师、项目经理的约占 40%，三年后薪资能达到 10000+，毕业流向均为德企、世界 500 强、国内行业龙头企业。这里举一个例子，2017-2019 年天坤易北东莞技师学院国际学院机电一体化专业和汽车机电一体化专业有 43 名学生被德国奔驰录用，赴德国工作；每年众多优质企业联合学校定向培养超过 50 名学生，在企业支付 9 万每人的培训费用基础上，学生综合薪资达到 8000 元。高质量的就业验证了天坤易北高端就业模式在中国的可行性，"德国标准教育+高质企业就业"的天坤中德模式也正式被市场接受和认可。

### 3.苏州高等职业技术学校

**一、中德学院办学背景**

2015 年由苏州北教育科技有限公司具体运作，苏州高等职业技术学校与德国 BBW 教育集团共建的中德职业技术培训中心正式揭牌。此中心为苏州高新区与德国 BBW 教育集团战略合作内容之一，引进德国双元制职业教育，培养高技能职业技术工人，更好地服务地方产业转型升级发展及企业用工需求。德国 BBW 教育集团是柏林及布兰登堡州最大、德国第二大的职业教育机构，目前，中德职业技术培训中心初期已开设机电一体化、数控两个专业，2019 年 9 月 1 日正式开班，现有 50 多名学生。中德班的学生将得到德国专业教师指导并在德企实习甚至就业，合格者还可获德国权威机构认可的职业证书。

此外，根据中德协议内容，在 2 至 3 年内，德国 BBW 教育集团将在高新区成立苏州 BBW 职业技术学院，作为中国第一家中德共建的应用型大学，每年培养 1000-2000 名德国标准的高技能职业技术工人。同时，德国 BBW 教育集团将在高新区设立其中国区总部，用于协调及管理其在中国所有的项目。"德国工商业联合会（IHK）苏州培训及考试中心"签约仪式在位于高新区的苏州高等职业技术学校举行，德国莱比锡工商业联合会决定在苏州高等职业技术学校设立国内唯一的授权培训及考试中心，使苏州学生不出国门就能获得与德国技术工人一样的 IHK 职业资格证书。

**二、中德学院合作办学成果**

德国柏威教育集团是柏林及勃兰登堡州企业联合会下属的教育集团，是德国第二大、柏林及勃兰登堡州地区最大的公用性职业教育机构，为当地超过 1800 家企业提供员工培训服务。2014 年，德国柏威在苏州高新区独资设立了柏威科技信息咨询（苏州）有限公司，也是该集团在中国区的总部。同时，德国柏威与苏州高新区管委会、苏州高等职业技术学校分别签署了合作协议，并于 2015 年 1 月正式挂牌中德职业技术培训中心。该中心设机电和数控两个专业，2014 年招生 53 人，2015 年招生 144 人，2016 并将计划新增工业机器人专业，已毕业学生在苏州高新区供不应求。

迄今为止，德国柏威在中国设立并运营 7 个职业教育项目，分别位于张家港、东莞、苏州高新区等。职业教育项目采取的模式是通过德国总部派遣德籍老师，借用当地职业教育机构的场地、设备、中方师资，引进德国双元制教育，按照德国标准建设中德职业教育中心、实训基地，培养国际化高技术人才。主要引进的专业为机电和数控，培训师专业则已经在东莞和苏州展开。此外，德国柏威还在苏州高新区拟建德国柏威苏州国际学院。"此次设立的由德国工商业联合会授权的培训及考试中心，是国内唯一授权中心，将在国内通过在各地设考点的方式，为中国学生颁发与德国技术工人一样的职业资格证书。"

其中苏州易北教育科技有限公司/德国 BBW 教育集团在苏州高等职业技术学校能建立中德培训中心。苏州高等职业技术学校负责提供教学场地、教师、学生、耗材、水电等教学软硬件。苏州易北教育科技有限公司/德国 BBW 教育集团在高新区财政支持下，提供德国课程、教师、教材，与苏州高等职业技术学校合作开展人才培养。德国权威考试机构按德国标准组织考试，颁发德国证书。同时高新区给苏州高等职业技术学校投入了一些中德培训中心的建设资金。

## 4.台州职业技术学院中德学院

### 一、建立背景

台州职业技术学院中德学院成立于 2017 年初，是由台州职业技术学院与德国最大的职业教育集团之一——德国 BBW 教育集团及中国唯一官方合作伙伴——苏州易北教育科技有限公司携手打造的职业教育教学改革"示范田"和"金名片"。中德学院建筑大楼 5 月奠基，建筑面积 1.6 万平方米。学院主要培养机电一体化、模具制造以及数控专业的高技能高素质人才。同时中德学院也是德国莱比锡工商业联合会（IHK）认证的考试中心。

中德合作办学旨在将德国"双元制"职业教育模式引入中国，并进行本土化改造，取长补短，在中国多个中职或高职院校成立"中德学院"，建立集理论和实训教学为一体、实训为主导的职业教育基地。旨在提升中国职业教育的水平，为中国工商业、手工业等领域的企业培养高技能人才，从而推动整个产业的发展。

中德学院由台州职业技术学院与苏州易北教育科技有限公司及德国BBW教育集团三方携手打造，成立于2017年初，是隶属台州职业技术学院的二级学院。中德学院致力于将德国"双元制"职业教育模式本土化，打造区域职业教育典范和标杆，培养服务地方中高端产业或产业链中高端的国际化技术应用型人才。

## 二、中德学院培养模式

目前台州职业技术学院中德学院开设机电一体化技术专业，数控技术专业，模具设计与制造专业，学制为三年。培养模式结合区域制造业向产业价值链中高端发展的需求，借鉴德国"双元制"职业教育模式，引入德国工商业联合会（IHK）的优质教学资源，设计包含基于德国《框架教学计划》学习领域的理论知识的建构、基于《培训条例》职业行动领域的实践技能的掌握和基于德国"工匠精神"的职业素养的培育三个层面的理念目标体系，构建以"关键能力"为课程目标，以"职业标准"为课程内容，以"教学模块"为课程结构，以"最新技术"为课程视野，以"职业岗位"为课程核心，具有德国"双元制"特色的课程体系，通过德国外教和中方教师的联合授课，采用以行动为导向的教学方法，实施德国工商业联合会（IHK）第三方考核评价机制，以培养学生的职业行为能力。

中德合作模式办学特色。国际化师资队伍：中德学院的师资队伍由德国资深培训师、优秀骨干教师、技术精湛的企业培训师和企业兼职教师共同组成稳定协作的国际化教师团队，其中有 17 名教师具备德国工商业联合会认证的培训师资质证书（AEVO）。德国项目制教学。与传统的以知识点为模块的教学不同，德国项目制教学以行动能力为导向，将知识点和技能划分到具体的教学项目和教学情境，使学生能够在具体的项目和教学情境中获得相应的知识和技能，有助于培养学生全方位的职业行动能力。

实训教学占主导地位。教学内容贴近企业模式，因此实训教学在日常教学中占主导地位，理论课程围绕实训教学内容展开，实现理实一体化教学。同时，中德学院学习型工厂（见附件图片）的场地安排和教学设施设备接轨国际，满足 1 人 1 工位的实训实践教学要求。双证毕业。2018 年德国莱比锡工商业联合会（IHK）台州考试中心（见附件图片）正式设立，学生毕业前须参加由德国莱比锡 IHK 组织的结业考试，通过考试后将获得全球范围内认证的职业资质证书。也就是说，学生除获得全日制专科学校毕业证的同时，还可考取德国通用、国际认可的 IHK 职业资格证书，就业竞争力双倍升级。

学生个性化发展。中德学院引进德国双元制职业教育模式，这种模式也存在一定的缺点：在德国，培训岗位主要由企业提供，企业进行的职业培训主要依赖于企业的经济发展情况和各地方的经济发展水平，而不是根据青少年的教育需求。这对于学生来说，这种培训缺乏对学生的个性化发展，学生未来的职业变动缺乏灵活性。因此，中德学院注重培养学生的宽基础，关注学生的职业素养和人文素养，开展形式多样的第二课堂活动、"德国文化体验周"和"中德大讲堂"，邀请知名学者、企业家、优秀校友来校讲座交流，致力于开发学生的兴趣爱好，促进学生的个人发展。

校企联合培养。学生在被学院录取之后会根据学院最新制定的人才培养方案和企业培训方案进行校企联合培养，这使得学生会有明确的学习目标和就业目标，较强的学习动机和主动性。学院致力于将每位学生培养成符合企业需求的专业职业技能人才，校企联合培养的模式也大大提高了职业人才的培养效率。校企合作。学院将当地产业和实际教学相结合，致力于打造人才培养、科学研究和技术服务一体化的一体化的经营模式，现已实现多个校企合作项目。"精英计划"学院成功申报德马吉森精机有限公司"DMG MORI"教育部校企合作项目，建设"DMG"多轴数控实训室，探索开展数控多轴加工高端精英人才的合作培养，服务区域制造业转型升级。

订单班。学院与永高股份有限公司、浙江凯华模具有限公司、绿田机械股份有限公司等知名企业试点成立了2+1模式的"双元制"订单班，企业出资承担订单班学生培养费用并设立奖学金，校企双方共同制订人才培养方案、开发课程、实行双班主任管理，为企业量身打造培养"技术骨干"层次的后备人才。

产教融合。学校为企业提供技术服务、员工培训、科研力量、信息咨询。企业为学校提供实习岗位、设备、真实的教学平台及适当的经费支持。两者共同开发基于工作过程的项目课程体系，共同组织实训教学，共同编写专业课程校本教材，共同组织和加强对学生顶岗实习的过程管理。以企业为主导的教学模式。德国的"双元制"职业教育中，企业在培养人才方面占了主导作用，学生三分之二的学习时间均在企业当中，这样培养出来的人才更贴近企业的需求，因此中德学院未来将逐步改变目前校企合作中学校为主体和主导的局面，进一步发挥企业在职业培训中的主体作用。高质量就业。学院将推动学生的高薪体面就业。通过相关证书考试的学生，可额外获得推荐到外资、合资企业或台州当地优质企业就业的机会。目前，首届149名毕业生中，目前已有110余名同学在上市企业、外资企业、合资企业及台州本地优质企业顶岗实习，学生在企业表现出良好的职业素养与专业技能，获得了企业高度赞赏，将实现高质量高薪就业。

### 三、产教融合办学经验

作为中德办学项目中的企业合作方—苏州易北教育科技有限公司协助教务管理。台州职业技术学院与苏州易北教育科技有限公司合作开设了中德学院，学院总体运营以企业化的管理方式进行。易北教育在中德学院有多名常驻人员，负责项目的管理并参与到日常教学中。常驻人员包括一名项目经理、三名翻译和三名培训师。项目经理具备丰富的项目经验，负责现场的实训管理，协调三方合作，实现项目的稳定运营；翻译负责配合外教的教学工作，对接德国资源。培训师具有丰富的企业工作经验，负责主导各个专业的实训教学工作，致力于促进产教融合和开发符合产业需求的教学载体。

企业化的人员管理模式。整个学院实行企业化的管理模式，对学院所有在职人员进行定期地绩效考核，有助于调动学院所有教师的积极性。教学载体的开发。公司致力于开发以德国项目制教学法为原则，以学习领域为基础，以职业行动为导向的教学载体，用于服务中德项目的日常教学活动。

高质量就业。公司长期与相关领域的企业保持联系，发掘合作企业和外资企业，促进学生的高薪就业。开发德国资源。公司与德国第一和第二大职业教育集团：巴伐利亚州BBW，柏林和布兰登堡州BBW均保持良好合作，致力于引进德国师资团队、教学载体以及相关权威证书。德国技能留学和就业项目。苏州易北教育科技有限公司致力于对接德国教育资源，为学生开放更多的学习和就业机会，与中德国际教育研究发展中心（CDI GmbH）合作开展了多项短期游学和技能留学项目，将有意向出国留学或就业的学生送到德国，感受德国工业和文化。

# 后 记

    本书的编写，在综合职业发展 70 年的历史上，以"产教融合"为突破口，力图为职业教育的发展指出新的探索路径。2019 年初，国务院"职教二十条"印发，职业教育作为以中国独立的教育类型被确认，并与普通高等教育的地位相等。由此可见，职业教育的发展前景将更加广阔。

    本书，编写的目的是对中国职业教育发展的现状回顾，为产教融合的深度合作指明方向。职业教育发展的一大动力便是产教融合，企业与教育的融合，也即校企合作，产教融合强调产业和教育的深度融合，如职业教育+人力资源+后市场服务，深度的整个行业上下游行业，能有效地促进产教融合的实践。

    本书在总结职业教育经验的基础上，对职业教育发展概况、市场情况、关键因素、国外模式以及天坤教育实践进行了汇总和整理。众所周知，职业教育的发展受政府政策和企业合作影响较大。"产教融合"是连接社会发展与企业实体之间的桥梁。故此本文重点围绕"产教融合"为中心，使用若干个分析因素，全面解析 2019 年之前的中国职业教育发展，并聚焦于职业教育产教融合突破的关键路径，厘清职业教育产教融合的各个因素之间的关系。本书的天坤职业教育实践一章，为本书书写的核心所在。职业教育的最终目的是"教书育人"，在天坤模式的探索中个，PPP 托管模式下的中职院校和高职院校，实现了从 0 到 1 的突破性发展，取得了骄人的成绩，绽放出美丽的硕果。

    综上，从本书的基本结构和框架内容介绍了"产教融合"发展的关键路径，这本书的编写历时一年有余，耗费了大量的人力物力，对职业教育的横向发展和纵深方向都有一定程度的切入，争取从深度上认识中国职业教育发展的前前后后。本书也不仅仅是梳理过去的成果，更多的是为中国职业教育的发展提供参考之用。因而，本书寄希望于广大职教人前赴后继的努力和奋斗，改变职业教育在社会中的形象，"十年树木，百年树人"，职业教育的改变不仅仅是一朝一夕的努力，更应该是持之以恒、久久为功！

# 附录一：中等职业学校名录（部分）

### 1. 天坤古蔺县职业高级中学

四川省古蔺县职业高级中学校坐落在古蔺县西区，始建于 1976 年，前身为古蔺师范学校。1987 年改建为古蔺职高，2009 年 8 月起经县人民政府批准，实行国有民办公助的新的办学模式和管理运行机制。2009 年 11 月，天坤教育集团下属的四川金沙江职业学院在学校挂牌，开创了在校生转读专科的联合办学模式。

古蔺职高现占地面积 96 亩，已规划用地 296 亩，建筑面积 33150 平方米，现有 87 个教学班，在校学生 4397 人，在册学生 6231 人，教职工,232人。是泸州市规模大、发展快、质量效益高的公办职业学校之一。学校近年来投资 4000 万元改善办学条件，学生教室、实训室、公寓、食堂、超市，运动场地等教学和生活服务设施一应俱全，是学生求知习技的理想选择。学校师资力量雄厚，现有中学高级教师 33 人，中学一级教师 62 人，双师型教师 60 人。省、市、县优秀教师、骨干教师、学科带头人和教学名师 30余人。目前，学校校风正、教风浓，严格的管理和优质的服务，为学生成才创造了良好的育人环境。

古蔺职高以市场为导向，精心培养新型适用技术人才，现有电子电工应用技术、机械数控技术、幼儿师范教育、计算机应用技术、服装设计与制作等传统优势专业，又有采矿技术、旅游服务与酒店管理、汽车维修等地方特色专业，同时开办有煤矿工、电子、钳工、焊工、缝纫工、家政服务等农民工培训专业，为各行各业培养了大批合格人才。古蔺职高是古蔺县职业教育中心、农民就业服务中心、四川省劳务扶贫培训示范基地、四川省重点中等职业学校、全国教育系统先进集体。

### 2.天坤皖北经济技术学校

天坤皖北经济技术学校位于皖西北历史文化名城临泉，北临泉河，南依姜子牙公园，东傍洲子滩头，西靠二环，依园傍水，环境宜人，是莘莘学子理想的读书之地。学校成立于1958年，是隶属于安徽省临泉县人民政府的全日制公办省级重点职业高级中学。学校秉承"以人为本，特色兴校；厚德精技，知行合一"的办学理念，确立了"立足临泉，面向安徽，辐射长三角"的办学定位，连续多年被评为省级先进办学单位。学校办学条件优良，基础设施完善，占地45328平方米，建筑面积近40000平方米，拥有4000平方米的实训中心。学校拥有微机室、网络教室、电子电工实验室、数控实训室、形体训练室、电子钢琴室、车工实训室、钳工实训室、多媒体教室、服装CAD室、服装制作室等实训设备和场所。

多年来，学校先后开设了计算机、机电、电子、数控、汽车原理与维修、服装设计、旅游管理与服务、幼儿教育等多个专业，逐步形成了目前以计算机、机电电子、服装设计、艺术专业为主，其他专业为辅的专业格局。近年来学校抓住争创国家级示范职业高中和皖北城市承接产业转移示范区建设的大好契机，不断探索中等职业技术人才培养模式和教育改革，以"合作办学，合作育人，合作就业，合作发展"为主线，加强内涵建设，教育教学质量不断提高。学校学生参加职业技能鉴定通过率超过94%，中职毕业生升学考试升学率保持在99%以上，学生参加六届省、市技能大赛综合排名始终保持阜阳市前三甲，多年毕业生就业率在98%以上。

### 3.天坤京山职业技术学校

天坤京山职业技术学校是一所由政府主办，教育局指导，部门联动，多种所有制运行的中等职业学校和国家级成人技能培训基地，由原京山县职教中心与京山县卫校于2012年12月合并组成。承担职业高中教育、中等职业教育、成人继续教育、各种技能培训、实用技术培训等职能。学校一套班子、四个校区（实验高中校区、亚太校区、京山学院校区、卫校校区），现有教职工250名，聘请专业教师17名，现有学生3600名，学员

1600 名。是国家级重点中等职业学校、全国计算机等级考试考点、湖北省安全生产三级培训基地、荆门市文明单位、京山县农村劳动力转移培训基地。学校开设有口腔工艺、护理、计算机、电工电子、数控、机械加工、服装裁剪与工艺、幼师、旅游、饭店服务与管理等专业，其中口腔工艺、护理、电子、机械加工是省级骨干专业，学校采用"订单培训""校企合作""校校合作""工学结合""送教下乡"、"农民点菜、职校下厨"等多种形式的培养模式，秉承"为学子圆大学梦、为人才搭就业桥"的办学理念，致力于开办一个专业、带动一批产业、致富一方群众。县委县政府拟按"适当超前规划、科学合理设计、经济实用建设"的原则兴建新学校。

**4.天坤石楼职业中学**

天坤石楼职业中学是石楼县唯一一所集教学、培训于一体的职业教育机构。其前身是创建于 1983 年的石楼县职业中学。1991 年被评为"全国科教兴农先进单位"，2004 年被省政府命名为"省级重点中等职业技术学校""省级劳动力转移培训基地"2014 年荣获"山西省教育系统先进集体"称号。

学校占地 117 亩，建筑面积 36300 平方米，建有高标准的行政办公楼、教学楼、实训楼、体育场、学生公寓及师生餐厅，拥有最先进的校园系统、多功能报告厅、多媒体教室、计算机室、录播室、音乐室、美术室、舞蹈室等各种配套设施。学校内设办公室、教务处、政教处、总务处、招就办、团委、资助中心、基地办、电教室 9 个机构。现有教职工 115 人，教学班 21 个，全日制在校生 1224 人，开设园林、财会、土建、机电、旅游、护理、音乐、美术、计算机、煤炭化工等十余个热门专业。其中园林专业为省级示范骨干专业，校内实训基地为省级实训基地。学校秉承"服务发展，促进就业"的办学理念，多年来取得了骄人的成绩。结合精准扶贫战略和县域经济特色，以农民技术技能培训学校为载体，开展面向从业人员的各级各类职业技能培训。

2004 年至今，共培训农民工 2500 余人次，先后输送到苏州、天津、青岛、太原等城市就业，为我县农民增收、农业增效、农村发展、社会稳定做出了突出贡献。组织高二、高三学生赴北京、上海、苏州参加顶岗实习，为学生就业创业搭建平台。参加山西省对口升学考试，本科达线人数、达线率稳居全市全省前列。连续七年荣获县委、县政府颁发的"高考特别奖"，2014 年荣获吕梁市教体局颁发的"对口考试质量优秀奖"。2014 年以来学校装配了先进的录播系统、校园安全系统，新建和完善了园林实训、护理实训、计算机实训、土建实训、财会实训、旅游实训、音乐实训、美术实训等各种实训配套设施，为培养"理论+技能"型人才提供了广阔的平台。为建设"五个石楼"和我县"十三五"脱贫攻坚战略和全面建设小康社会的战略目标提供更大的智力支持、技能支持和人才贡献。2018 年 9 月 3 日天坤国际采用 PPP 模式正式托管石楼县职业中学，创建天坤石楼县职业中学。

### 5. 天坤五河县职业技术学校

五河县职业技术学校始建于 1964 年。前身是五河县小圩区龙潭湖农业初中，曾用名五河县龙潭湖职业中学、五河县职业教育中心。2017 年 4 月，根据省教育厅等部门要求，学校改制为普通中专，正式更名为五河县职业技术学校，属安徽省省级示范中等职业学校，安徽省合格职教中心。学校占地 156 亩，在编教师 47 人，其中双师型教师 26 人。办学几十年来，学校走过了一段曲折发展的历程。20 世纪 90 年代和 21 世纪初的十多年里是学校快速发展的时期，办学规模、办学效益均优于周边县市。曾多次荣获"五河县高考优胜单位"、"蚌埠市职业技能大赛优秀组织奖"等光荣称号，被评为"安徽省中等职业学校德育工作先进集体"。近年来，学校坚持"以文化育人，特色立校"的发展战略，通过研读中央、省、市相关政策，在走访行业企业，考察省内外名校名企的基础上，立足学校发展现状，确立了稳定规模、拓展空间、优化结构、改革创新，加强管理、提升质量的发展思路。一是与名校、名企联手，共建市场需求大、就业门路广，福利待遇高的朝阳专业；二是利用中央中职学校质量提升工程专项资金稳步推进实训基地建设及校园环境整治，倾心打造优美的育人环境；三是加强内部管理，规范教育教学秩序，提升自身形象。内引外联，多措并举，逐步形成以现代农业、装备制造业及现代服务业为特色的专业集群，促进学生、教师、学校共同发展。

2018 年，在全国上下认真贯彻落实国务院《关于加快发展现代职业教育的决定》的新形势下，学校在新的历史起点上，继续谋特色发展之策，走内涵发展之路，以立德树人为己任，砥砺前行，负重奋进，全力践行"特色发展，富民兴县"，为地方经济发展培养更多更好的技术人才。力争五年之内建成区域一流，省内有影响的高水平中等职业学校。2018 年 7 月，五河县人民政府与天坤国际教育集团签署委托管理运营协议，实行"国有民营公助"办学新体制，充分发挥政策与市场两只大手的推动力量，实现办学体制机制深刻变革，打造五河职教新名片。

### 6. 天坤仪陇职业高级中学

仪陇职业高级中学是仪陇县第一所国办中等职业学校，1998 年被市教育局、劳动局确定为"仪陇县劳动预备学校"，2002 年被县政府确定为"仪陇县农村人才培训基地"，同年被市政府确定为"南充市劳务输出培训基地"，2004 年被省扶贫办确定为"四川省农村贫困劳动力转移培训示范基地"，2005 年被市教育局授予"南充市重点中等职业学校"，2006 年落实"中央财政支持的职业教育实训基地（电工电子与自动化技术专业）建设项目"。

学校位于阆、南、仪三县交界的土门镇，占地面积 55 亩，建筑面积 2.2 万平方米，有三座教学楼——教学一楼、教学二楼和培训楼，建有完善的生活服务保障体系，学生食堂、学生公寓、浴室一应俱全。建有足球场（附环行跑道）、篮球场、排球场，体卫设施和器材完备。学校有教职工 122 人，教师队伍中高级教师（含高级技师）17 人，本专科专业教师 32 人，双师型教师 18 人，每一个专业都有 3-5 名本专业的骨干教师。学校现有在校学生 2500 余人。

学校开设有电子、电工、电焊、计算机应用、缝纫、建筑、音乐、美术、体育等专业。各专业教学、实习、实训场地齐全，设施配套，包括：计算机网络教室 3 间，装备微机 200 多台；电子电工习作室 3 间，电子电工成套实验设备 60 余套；缝纫培训室一间，缝纫电车 30 台；焊工实训设备 4 套；语音室、多媒体教室各 1 间，琴房 2 间，画室 2 间；配备建筑教学用水准仪、经纬仪。学校建有校园网，各办公室都配备了计算机，接通了网络，多媒体教室、远程教育办公室设备齐全。另有专人管理的图书室、阅览室。

### 7. 天坤潘集工程技术学校

淮南市潘集区职业教育中心，安徽省省级示范中等职业学校，是潘集地区唯一一所公办中等职业学校。也是潘集区新型农民培训定点单位之一。2012 年底通过省合格县区职教中心暨省级示范中等职业学校评估验收。2015 年被淮南市委、市政府列为淮南市"十三五"保留并重点建设的 9 所公办中职学校之一。

学校始建于 1991 年，2012 年 1 月迁入新校，占地 122 亩，建有教学楼、实训楼、学生公寓、食堂各一幢，建筑面积 38754 平方米。学校配有电脑室 7 个、多功能室 2 个、舞蹈房、钢琴房、美术室等专业教室各 1 个，维修电工实训室、电子装接实训室、音乐室各 2 个。

学校现有在籍学生 1223 人，在编专任教师 43 人，其中"双师型"教师 23 人。目前开设有农业机械使用与维护、农村经济综合管理、计算机应用（省示范专业）、机电技术应用（市示范专业）、电子技术应用（市示范专业）、文秘、会计、电子商务、民间传统工艺和社会文化艺术（幼师方向）等十四个专业。

学校先后被授予市职业教育先进单位、市校园文化建设先进单位、市校园安全工作先进单位等称号。2017 年两名学生分获省技能大赛平面模特展示第一名和第六名。学校坚持以学生为中心，以服务为宗旨，以市场为导向，以就业为目标，秉承"明德精艺敬业乐群"的校训，坚持教育质量高于一切的质量意识，为培养更多的高素质的技能型人才而不懈努力。风正潮平好扬帆，继往开来谱华章。面向未来，潘集区职业教育中心将借职业教育发展的良好态势，努力把学校建成地方特色职业学校，为地方经济社会发展培养更多技术技能型人才，为推进"一带一路"建设发展做出更大贡献。2017年8月，潘集区人民政府与天坤国际教育集团签署委托管理运营协议，实行"国有民营公助"办学新体制，充分发挥政策与市场两只大手的推动力量，实现办学体制机制深刻变革，打造皖北职教新名片

### 8. 天坤伊川职教中心

天坤伊川县职业教育中心成立于2006年，是一所集职业教育、技能培训为一体的现代化中等职业学校。学校先后荣获"河南省县级骨干职教中心"、"洛阳市规范化管理中等职业学校"、"洛阳市教育系统先进单位"、"洛阳市文明单位"、"河南法制教育先进单位"、国家级"国防教育特色学校"等荣誉称号。

学校环境优雅，师资力量雄厚，教学设施齐全。学校占地136亩，总建筑面积9.3万平方米，教职工218人，在校生2680人，共开设15个专业，特色专业有美术设计与制作、计算机应用、音乐（幼师方向）、观光农业、动漫游戏等。

学校始终坚持"以服务为宗旨、以就业为导向"的办学宗旨，以"社会满意、家长满意、学生满意"为己任，不断优化专业设置、强化队伍建设、创新教学方法、构建就业安置网络、拓宽办学模式，努力提高毕业生的综合素质。在力保毕业生就业的同时，还狠抓对口升学工作，满足学生升学及就业的不同需要。

近年来，学校积极面对市场挑战，理清思路，主动适应，采取多种形式，加大了合作办学的力度，逐步探索出了一条适合学校发展的办学模式。学校与省内外多个大中型企业建立了长期稳定的实习、培训、就业合作关系。学校在省市各类技能大赛中成绩优异，为社会培养和输送了大批高素

质技能性人才，突出的教育教学质量和办学效益得到了学生、家长及社会的高度认可。

### 9. 天坤城口职教中心

城口县职业教育中心是重庆市城口县唯一的一所职业高级中学校。1985 年由普通中学转型办成职业中学，20 年来，学校培养了大批地方建设人才，不少已成为城口县的各行各业的技术骨干和科技带头人。2001 年学校被重庆市教委批准为"城口县职业技术教育中心"。2004 年学校被重庆市教委命名为"市级首批中职达标学校"，并被命名为西南师范大学素质教育实验校。

学校先后获得重庆市级家长示范学校、市级安全文明校区、县最佳文明单位、县最佳卫生先进单位、县级绿色示范校、县级德育示范校、县先进党支部等荣誉称号。

在县委和各级政府的正确领导下，在教育行政主管部门的关心支持下，近两年来，学校变化很大，新建了 5000 平方米的职教中心大楼、1700 平方米的女生公寓、900 平方米的图书楼；扩建了 300M 环形操场，安装了校园灯饰；装修了学校办公楼、两个会议室及各处室办公室，更新了教职工的办公桌椅等设备；现正在建设的近 10000 平方米的实训大楼和男生公寓 2006 年秋将投入使用；学校先后建立了两个网络计算机室，共 90 台计算机，联通了 INTER 网，远程教育天网，各处室均配备了计算机，实现了办公自动化，极大地提高了工作效率；建立了电子、电工、财会、机电实验室；设立了勤工俭学服务中心，开办了师生食堂、校园小超市。

现学校占地面积 5 万余平方米，建筑面积达 2.4 万平方米，教学设施比较齐全，环境优美，绿树成荫。学校师资队伍雄厚，共有 151 名教职工，高级教师 9 名，中级教师 49 名，中共党员 42 名，任课教师 60%以上具有大学本科学历。学校管理严格，教学质量高，社会信誉好，近几年就读学校的人数逐年增加，现有在校学生 2000 余人，共计 39 个教学班。是目前城口县规模最大的学校之一。

### 10. 天坤伊川县技工学校

伊川县技工学校是经省人力资源和社会保障厅于 2010 年 2 月正式批准成立的一所集全日制技工教育、职业技能培训、职业技能鉴定为一体的综合性公办职业学校，也是伊川县唯一的一所培养初中等技能型人才的职业学校，隶属伊川县人力资源和社会保障局。

学校以"培养一流技术人才"为宗旨，坚持社会主义办学方向，经济建设和社会发展服务，劳动就业服务为指导思想，以突出技工教育特色，坚持教育方针，全面推进素质教育，培养德、智、体、美、劳全面发展的技能型人才为培养目标，以培养初、中级技术工人为主，并承担多种培训任务，采取"理论学习+技能训练+顶岗实习+强化提高"的教学模式，在搞好学历教育的基础上，重点突出抓好技能训练教育，使学生及伊川县"四类人员"学到一技之长。深入推进综合素质教育，强化各项管理，趋势而上，确保学校各项工作不断上新的台阶，努力办好人民满意的职业学校，自建校以来为社会培养合格的技能操作型实用人才。2017 年 11 月，伊川县人民政府与天坤国际教育集团签署委托管理运营协议，正式创建天坤伊川技工学校。

### 11. 天坤宜宾县高场职业中学

天坤宜宾县高场职业中学校始建于 1946 年，旧称"玉山中学"；1985 年，学校由普通教育改制职业教育，并更名为宜宾县高场职业中学校。学校是省重点职中、省级校风示范校、省劳务开发培训基地、市劳务开发培训基地、宜宾县职教中心。学校现占地面积 106 亩，校舍建筑面积 23761 m²，实验实训设备总价值 1000 余万元，有学历教育在籍学生 2280 人，主要开设有服装制作与生产管理、服装设计与工艺、电子技术应用、旅游服务与管理、旅游服务与管理（航空方向）、计算机应用、食品生物工艺（好利来订单培养）、学前教育、机械加工技术、办公室文员、电子商务、农村经济管理、汽车营销与维修（含与成都长丰车业集团合作班）等 13 个专业，其中服装制作与营销、旅游服务与管理是市级重点专业。

学校现有校级 5 人，在编教职工 144 人，专任教师 134 人（其中特级教师 1 人，省骨干教师 1 人；高级教师 40 人，占 31%；中级教师 39 人，占 30%）。学校积极加强师资队伍建设，近几年来，共选送教师 60 余人次参加各级各类骨干教师培训和班主任培训，形成了较为合理的师资梯形队伍。学校主动适应市场，加强与企业合作，实现了校企合作双赢局面，校企合作向深度发展；坚持以培育实用型人才为目标，创新多元化办学模式，并根据市场人才需求，围绕"升学有门，就业有路"的办学理念，为广大学子铺就了一条广阔的升学就业之路；不断创新学校德育模式，实现德育目标具体化、活动主题化和评价情景化，学生养成良好行为习惯，受到用人单位的好评，为学生终身发展奠基；学校定期开展专业技能大赛，让学生练就过硬技能，每年举办技能节，让学生展示专业才华；将学历教育与短期职业技能培训紧密结合，提高了办学社会效益，探索出了一条职业学校"依托政府工程，整合培训资源，大力开展农村富余劳动力转移培训"的发展之路，惠及县域千家万户。2016 年 9 月 27 日，天坤教育采用 PPP 模式正式托管天坤宜宾县高场职业中学校。

## 12.天坤京山职业技术学校

天坤京山职业技术学校是一所由政府主办，教育局指导，部门联动，多种所有制运行的中等职业学校和国家级成人技能培训基地，由原京山县职教中心与京山县卫校于 2012 年 12 月合并组成。承担职业高中教育、中等职业教育、成人继续教育、各种技能培训、实用技术培训等职能。学校一套班子、四个校区（实验高中校区、亚太校区、京山学院校区、卫校校区），现有教职工 250 名，聘请专业教师 17 名，现有学生 3600 名，学员 1600 名。是国家级重点中等职业学校、全国计算机等级考试考点、湖北省安全生产三级培训基地、荆门市文明单位、京山县农村劳动力转移培训基地。学校开设有口腔工艺、护理、计算机、电工电子、数控、机械加工、服装裁剪与工艺、幼师、旅游、饭店服务与管理等专业，其中口腔工艺、护理、电子、机械加工是省级骨干专业，学校采用"订单培训""校企合作""校校合作""工学结合""送教下乡"、"农民点菜、职校下厨"等多种形式的培养模式,秉承"为学子圆大学梦、为人才搭就业桥"的办学理念,致力于开办一个专业、带动一批产业、致富一方群众。县委县政府拟按"适当超前规划、科学合理设计、经济实用建设"的原则兴建新学校。

### 13. 天坤京山卫生学校

湖北省京山卫生学校创办于 1958 年,是省政府批准成立的公办全日制普通中等专业学校。学校位于素有"中国网球之乡"和"鄂中绿宝石"美誉的京山城关,北邻京山河,南倚惠亭山,占地面积 6.7 万㎡,建筑面积 5 万㎡,固定资产 1500 万元。现有教职工 168 人,师资力量雄厚,其中高级职称 18 人。各项教学实验设施齐全,多功能电化教学室、实验室、电子阅览室、图书室、运动场等一应俱全。2009 年新建教学办公大楼,建筑面积 5000m2,有标准教室 20 间,可容纳学生千人以上;并设有附属医院、口腔专科门诊和义齿加工厂等实训基地。

长期以来,学校坚持"以人为本、以德为先、技能为上"的办学理念,以"培养实用型技能人才"为目标,大力发展职业教育。从 2000 年开始,先后与长江大学、武汉大学、湖北科技学院等高校联合办学,逐步形成了融中等职业教育、普通大专、成人高等学历教育和职业技能培训为一体的多层次、多形式的办学格局。现主要开设的普通中专专业有护理和口腔修复工艺,普通大专有口腔医学、临床医学、中医学和护理学,成教专、本科有医学类及经管类等 20 多个专业。

该校是全国较早开办口腔专业的中等专业学校之一,1998 年荆门市授予学校"口腔骨干专业学校"称号。学校为全国各地培养和输送了近万名口腔实用型人才,毕业生遍布广东、福建、江苏、浙江、湖北、湖南、江西、河南、重庆、陕西、青海、西藏等十几个省市。为适应市场需求,学校于 1999 年在全国较先开办口腔工艺技术专业,先后与珠海维登、东莞定远、上海美耐宝、成都登特、福州美可普等知名义齿公司合作,以定单办学模式，培养口腔工艺人才，拓宽学生就业渠道，深受用人单位及学生家长的信任和欢迎。

护理专业是学校传统专业，创办于1980年，有丰富的经验积累，护理教学紧跟时代脉搏，改革创新，不断发展。2009年学校开办执业护士考前培训班，成为卫生专业技术资格考试护理学（士）专业培训基地，学生考试通过率95%以上。学校以确保质量，拓展办学层次为基本思路，逐步完善了护理专业的各层次教育，中专、高职（专科）、本科教育（成考）三位一体。历届护士生就业率98%，其中相当部分毕业生被武汉161医院、武汉空军总医院等三甲医院和各地市县医院录用，就业前景十分广阔。

同时，学校充分发挥自身办学优势，不断提高办学层次，2005年以来先后与湖北科技学院（原咸宁学院）等高校合作，联合开办了口腔医学、临床医学、中医学和护理学等普通大专班；2012年与荆楚理工学院联合开办1+3分段制护理学大专班。迄今为止，学校已为社会培养输送医疗卫生人才数万人。50多年来，学校享誉省内外。几代卫校人奋力拼搏，如今学校旧貌换新颜，生机焕发，环境优雅，书香浓郁，是莘莘学子求学成才的理想乐园。2015年7月京山县人民政府与天坤教育签署委托管理运营协议，天坤京山卫生学校正式成立。

### 14. 天坤宿州环保工程学校

宿州环保工程学校位于皖东北革命老区泗县，是一所以资源环境类专业为特色的综合型公办普通中专，承担着全县中等职业学历教育和就业技能短期培训任务。2008年，泗县县委、县政府为贯彻落实《国务院关于大力发展职业教育的决定》，对县域内职业高中进行新一轮布局调整，决定整合全县职业教育资源，在开发区内划拨106亩教育用地，兴建县级职业教育中心。2009年5月启动基础建设，在此后的三年里，泗县职业教育中心建设均列为县政府重点建设项目。2009年9月，在部分主体工程完工后，合并泗县长沟职高、黑塔职高两所学校，开始招生办学。2010年将附在泗县第五中学上的泗县第一高级职业中学并入县职教中心，完成了县内只保留一所公办中职学校的资源整合布局调整。泗县职业教育中心建设以"整合力度大、建设速度快、办学规范、运作平稳"被省教育厅称赞为"县级职教中心建设的泗县模式"。当年，学校一次性创建成为安徽省第六批省级中等职业教育示范学校和第三批省级合格县（区）职教中心。

为落实安徽省人民政府《关于加快发展现代职业教育的决定》精神，2015 年 9 月，泗县人民政府向宿州市政府提出将泗县职业教育中心改制为普通中专，设立宿州环保工程学校，成为宿州市第一所改制成功的中职学校。在泗县职业教育中心基础上改制设立的宿州环保工程学校，坐落于泗县北二环东段北侧省级经济开发区职业教育园区内，一期西校区占地 106亩，二期东校区预留待建用地 200 亩。一期校园完成总建筑面积 41000 平方米，校园建设规划基本完成，教学区、实训区、生活区、运动休闲区错落有致、布局合理、环境优美。学校拥有一支高素质的管理团队和德技双优的专业化教师队伍，现有在职在编教职工 144 人，外聘兼职教师 28 人，具有高级职称教师 76 人，"双师型"教师 78 人。学校开设计算机应用、机电技术应用、环境监测技术、环境治理技术、服装制作与生产管理、现代农艺技术等升学容易、就业方便的 8 个专业，其中计算机应用、机电技术应用 2 个省级重点建设专业，服装制作与生产管理、现代农艺技术 2 个省级重点实训基地。在籍在校生 916 人，年开展各类职业培训 4500 人次以上。学校是首批认定的国家级残疾人就业培训基地，校内设有职业技能鉴定站，毕业生双证获得率 100%，就业率 98%，就业质量较高。

以立德树人为根本，以服务发展为宗旨，以促进就业为导向，坚持走内涵式发展道路，紧贴县域经济社会发展需要，主动为经济结构调整、承接产业转移与技术进步升级服务，为泗县四大支柱产业发展提供人才技术支持。特别是在节能环保产业方面，与全国空气净化器产业园落户泗县的企业深度合作、产教融合，共建空气净化器产学研基地。省级室内车内环境检测治理实验室即将建成，服务支持空气净化器产业发展。

学校实行开放式办学，封闭式管理，注重学生品行教育，促进学生品德和技能全面发展。已经成为安徽省中等职业学校德育与校园文化建设先进单位、宿州市市级文明单位、宿州市平安示范校园。2017 年 4 月，泗县人民政府与天坤国际职业教育集团签署委托管理运营协议，实行"国有民营公助"办学新体制，充分发挥政策与市场两只大手的推动力量，实现办学体制机制深刻变革，形成宿州市职业教育"特区"。有国家政策的扶持、地方党委政府的重视、办学基础条件的优越和天坤教育托管的成功运行，宿州环保工程学校正是春风扬帆时。

### 15. 天坤青川职业高级中学

天坤国际青川县职业高级中学坐落在竹园镇智慧岛教育园区，交通便利，东与绵广高速接壤，邻有西成高铁穿行，两小时可达西安，一小时亦到成都。学校占地面积 100 多亩，实习实训场地 4000 多平方米，实习实训设备总价值 1 亿多元。现有教职工 86 人，其中高级教师 23 人，技师 10 人，技工 15 人；市级以上骨干教师 21 人。

学校开设高级乘务、手机与平板电脑主板维修技术、工业自动化机器人技术、数控技术应用、汽车应用与维修、旅游服务与管理、计算机应用技术、电子技术应用八个专业。其中高级乘务、手机与平板电脑主板维修技术、工业自动化机器人技术为天坤职教的中职特色班，学校 2018 年在校生人数将达到 1200 人以上，到 2020 年突破 1500 人。

2017 年 3 月，青川县人民政府与天坤中际控股集团在上海签订托管协议，在保持"学校国有性质不变、政府对职业教育投入不变、教职工身份不变"的前提下，对青川职高托管办学 20 年，实行"国有、民营、公助"的新型管理机制，通过特色办学，让学生学到实用的技术、练就扎实的技能，获得良好的就业岗位和可观的工资收入。学校依托天坤教育强势入驻的契机，在原有专业基础上，新开设高级乘务、手机与平板电脑主板维修技术、工业自动化机器人技术三个高端特色专业，学生入校即与企业签订劳动合同，"毕业即就业"，就业工资高达 5000-8000 元/月。

办学理念：成就学生，致富家庭，服务社会。

育人宗旨：成人、成才、成功。

校训：兼爱、崇德、笃学、精技。

办学目标：川北地区职教名校。

师资队伍：学校现有教职工83人，其中高级教师19人，中级教师33人；技师10人，高级技工15人；国家级骨干教师3人，省级骨干教师7人，市级骨干教师18人。

办学成果：2009年被评为"广元市教育系统先进集体"、2010年又被国家教育部评为"教育科研先进集体"，2012年开始承担北师大《生命教育》的课题研究。2012年10月数控技术应用专业建成市级重点专业，2012年12月正式成立国家职业技能鉴定所，2013年获得了"四川省中等职业教育学生内务管理示范学校"的荣誉，2013年4月《青川民俗文化在职高语文教学中的渗透》市级课题圆满结题。2013年10月学校学生两项发明获得国家专利；2014年广元市第五届技能大赛一等奖1人，二等奖1人，优秀奖3人。2014年选送的作品《青川养鱼洞》获国际网页博览大赛白金奖，2015年选送的作品《醉美唐家河》获千才万事会员学校一等奖。

办学特色：学校以"校企合作、顶岗实习、工学结合"的办学模式，一是与20多家知名企业密切合作。与企业采取订单式教育培训，企业定点定人培训，开辟了广阔的就业渠道，有效地保障了实习就业！目前，学生在北京、苏州、上海、大连、广州、深圳、青岛、成都等大中型城市就业，有效就业率达99%。二是与10余所省内高校联合办学，共享高校优质教育资源：与四川职业技术学院联办中高职衔接电子商务专业班1个，与四川信息职业技术学院对口单招班1个。升学率达90%。

学校一方面强化对外交流合作，一方面狠抓常规管理。近年来，高考升学率一直在90%以上，名列市同类学校前列；2013年高考再创辉煌，升学率达98%，其中有2名同学被国家"211"重点大学录取；2014年考取四川农业大学职教师资2人。

设施设备：

1、图书综合楼，占地面积 12763 平方米，房屋共 70 间，其中风雨室内操场 1 个，学术报告厅 1 个，图书储藏室 2 间，阅览室 2 间，音乐教学室 1 间，舞蹈教室 1 间，接待室 2 间，档案室 2 间，行政办公室 20 间，心理辅导室 1 间，文印室 1 间，会议室 2 间，党员活动室 1 间，备用室 33 间。

2、食堂建筑面积 6046 平方米，一二楼为学生食堂，三楼为教工食堂，可同时容纳 2000 人用餐。

3、教学楼建筑面积 8681 平方米，分 A、B 两幢，共有教学室 40 间，教师办公室 22 间，阶梯教室 4 间。

4、学生寝室建筑面积 14223 平方米，其中男生寝室 138 间，女生寝室 137 间，学生活动室 4 间，每间寝室可住学生 8 人，全公寓式建筑。

5、实训楼建筑面积 8927 平方米，功能实训室共 48 间，其中普车实训室 1 间，数车实训 2 间，钳工实训室 1 间。可开设电工学、机械设计基础、液压传动与气动技术、可编程控制器、机械制造基础、数控加工工艺与编程、数控机床故障诊断与维修、机械制图等课程技能实训。汽车维修实训室 2 间。可开设汽车构造、汽车使用技术、汽车管理、汽车电气维修、发动机构造与维修、汽车驾驶等课程技能实训。焊接实训室 1 间，电子电工实训室 11 间，可开设电工基础、电工测量、电子线路、计算机制图、办公软件、检测与转换技术、电视机原理与维修、无线电技术基础、电子仪表与测量技术、物理等课程技能实训。旅游实训室 3 间，可开设导游模拟、客房服务、中西餐摆台、形体等课程技能实训。计算机机房 5 个，计算机维修实训 1 间，可开设平面图像处理、网络营销、网络金融、电子商务基础、数据库基础、商务管理、Office 办公软件应用、Intemet 应用技术、计算机组装与维护、网络技术等课程技能实训。保管室 13 间，教师办公室 8 间。

### 16. 天坤从江职业技术学校

从江职业技术学校始建于 1986 年，于 2006 年恢复独立办学。2011 年荣升为省级重点职校，现已发展成为集电大高等学历教育、中等学历教育、职业技能培训多种教育形式于一体的综合性职业学校。学校占地面积 102 亩,建筑面积 5.2 万平方米,有教职工 93 人,其中专任教师 85 人(双师型教师 39 人),在校生 1126 人。学校开设有汽修运用与维修、电子商务、供用电技术、服装设计与工艺、学前教育、民族音乐与舞蹈、航空乘服、高铁乘服等 8 个专业。

从江职业技术学校现建有校内实训室共 36 个,配套实训设备价值 1300 万元,"班班通"多媒体教室 70 个,校内汽车修理厂两个、服装厂、设施农业培训基地、汽车驾驶培训基地各一个。从江职校硬件设施在黔东南县级职校中属于领先水平。

近年来学校组织学生参加省、州举办的技能大赛,都取得好成绩。从江职校在参加 2019 年全州举行的汽修专业技能大赛中,荣获一等奖,代表我州参加全省汽修专业技能大赛又获得二等奖;涉农专业学生在全省设施农技技能大赛中获得二等奖。近年来学生的专业技能和就业能力得到了较大提高,2015、2016 两届毕业生就业率分别为 99.3%、99.6%,其中有 21.5 %的同学在事业单位人才招聘中,被录用为公办学前班教师。

2016 年 7 月 8 日,我县与天坤国际教育集团签订联合办学协议。现从江职校正全面进行体制改革,实行全员聘任制,由集团聘校长,实行校长责任制。然后由校长聘副校长及中层干部,教务科科长聘专业部部长,专业部长聘专业教师,明确工作职责,奖惩分明,全面推动学校发展。

从江职校多次被县人民政府评为先进单位,在全州办学水平督导评估中被评为优秀学校,办学效益得到社会认可,学校正凝心聚力向省级示范性职校迈进。

**17. 天坤墨玉县职业技术学校**

一、基本情况

(一)校舍情况

墨玉县职业技术学校于 2015 年 6 月建成并投入使用,新校区占地面积 150 亩,可容纳 3200 名学生的学习和生活,校舍总建筑面积 53686.71 平方米。其中教学楼建筑面积 12182 平方米，地上五层，其中：一、二、三、四层教室共 60 间，五楼 2 间多媒体会议室和 4 间实训教室；宿舍楼 4 栋，每栋建筑面积 4383.8 平方米，每栋宿舍楼宿舍 94 间，总建筑面积 17535.2 平方米，共计 376 间宿舍，其中一、二号宿舍楼 8 间宿舍作为临时行政办公室，三、四号宿舍 8 间宿舍为教师宿舍，目前可用宿舍为 360 间；实训楼 4 栋，每栋 4945.64 平方米，地上四层，总建筑面积 19782.56 平方米；食堂浴室 1 栋，建筑面积 3387.8 平方米，地上两层；锅炉房建筑面积 393.91 平方米，地上一层；值班室建筑面积 65.66 平方米，地上一层；辅助用房 455 平方米、集中绿化 11000 平方米、室外体育用地 44800 平方米。

（二）教职工情况

学校现有在编教职工 65 人（在校在编教职工 30 名，含 5 名定向生，不在校的调配到访惠聚、教培中心、内地带队等共有 35 名），其中专任教师 46 名，管理岗位人员 3 名，工勤人员 7 名。

临聘教师有 205 名（其中 113 人已参加特岗考试，为初步确定特岗教师），借调 22 名，校聘人员有 18 名，实习生有 38 名。

（三）在校生情况

全校现有在册学生 7614 名（含技工学校 2324 名）。其中一年级 3341 名；二年级 1873 名；三年级 2400 名。

（四）专业设置情况

全校目前总共开设中式烹饪专业、食品加工专业、美发与形象设计专业、计算机应用专业、汽车应用与维修专业、汽车车身修复专业、焊接技术专业、建筑工程专业、建筑装饰专业、电子电器专业、手工织绣专业、服装制作与生产管理专业等 12 个专业，其中重点专业 5 个，有中式烹饪专业、服装制作与生产管理、汽车运用与维修、美发与形象设计、计算机应用。

**18. 天坤和田县职业技术（技工）学校**

和田县职业技术（技工）学校位于和田市迎宾路 442 号，始建于 1972

年9月，于2007年9月改为"和田县职业技术高级中学"，在此基础上，2013年10月建立和田县技工学校，2014年11月和田县职业技术高级中学正式改为"和田县职业技术学校"。学校采取一套班子，两块牌子实行管理，是一所全封闭式学校。学校总占地面积34673.99平方米，总建筑面积21693平方米，其中教学楼16750平方米，现有6间机房，300台电脑；服装设计与制作、美容美发、食品加工、玉石加工、汽车维修、家电维修等实训室基本能满足学生实训需求，学生宿舍楼4544平方米。学生宿舍163间，学生食堂面积2100平方米，能同时容纳900人就餐。

学校生源均来自和田县12个乡镇初中应届毕业生，及部分和田市初中应届毕业生。截至目前，全校共有学生2946名，共70个教学班，2016级754人（其中职业技术学校431人，技工学校324人）；2017级1302人（其中技工学校2017春季422人，共10个班；职业技术学校2017秋季880人，共17个班）；2018级共889人（其中职业学校538人，技工学校351人，共17个班），职业技术学校1849名学生，技工学校1097名学生。目前在外实习的学生共754人。各专业课教材均为由教育部职教研究所编制的《2018-2019年度职业教育与成人教育教材信息大纲》内的教材。

截至2018年10月，在编教师87人（除住村、三民、借调、教培以外在岗34人），退休教师21人，新增特岗教师32人，临聘9人，兼职外聘教师17人，定向教师4人，外聘工人8人，外聘厨师16人，外聘宿管11人，外聘保安10人，共9个民族成分，总计141人。学校党支部书记1人（驻村工作）、副书记人1人、校长1人，副校长1人（目前在驻村工作），学校设教务科、德育办、总务科、就业办、伙食科、学生科、宿管科。现有正式党员9人，入党申请人22名，发展积极分子12名，发展党员1名，预备党员1名。师生比为1:17，兼职教师比例10%，专任教师本科以上学历比例70.2%，专任教师硕士以上学历0.01%。生均教育仪器设备值为4581元。

学生享受中央、自治区各项补助资金人均5900元。每人每年助学金2000

元，教材费 300 元，免学费 2000 元，住宿费 600 元，公用经费 1000 元（此项资金目前未落实）。

目前学校开设 14 个专业，分别是汽车维修、物业管理、烹饪、食品加工、美发与形象设计、服装设计与制作、建筑装饰、十字绣、高星级饭店运营与管理、家电维修、会计、计算机应用、玉石雕刻，计算机平面设计。正在申请皮革加工、旅游、设施农业三个专业。

### 19. 安徽天坤淮北工业与艺术学校(淮北技师学院)

安徽淮北技师学院. 淮北工业与艺术学校由原安徽省淮北工业学校（国家级重点中专学校）、原淮北市第二高级职业中学. 淮北商贸中专学校（首批国家级重点职业学校）、安徽省淮北师范学校（安徽省示范性职业学校）、安徽省淮北艺术学校（安徽省示范性职业学校）等四所优质公办中职学校 2014 年整合而成，淮北市机构编制委员会 2014 年 7 月批复四所学校合并成立新的安徽省淮北工业学校，2016 年 3 月经淮北市人民政府同意学校更名为"淮北工业与艺术学校"，2016 年安徽省人民政府皖政秘〔2016〕193 号文批复同意在淮北工业与艺术学校基础上设立安徽淮北技师学院。

学校对接产业举办专业、适应社会需要培养人才，现拥有电工电子、计算机、轻工机械 3 个国家级实训基地，机电技术、计算机、旅游、学前教育、舞蹈、文化艺术 6 个省级重点实训基地，学前教育、旅游、汽修、计算机网络、计算机应用、机电技术、电子电器、舞蹈、社会文化艺术 9 个专业为省级重点专业，学校四次列入省示范学校建设。

2017 年，学校再次被确定为省级示范特色学校建设、省级技能大赛赛点学校、招工招生一体化现代学徒制试点学校。学校的汽车美容与装潢、舞蹈表演、学前教育、会计电算化 4 个专业列入省级示范专业建设项目，机电与汽修专业群、现代服务专业群、计算机平面与动漫制作、社会文化艺术 4 个实训基地列入省级示范实训基地建设项目，李军智慧数字化校园、顾宏汽修机电创新、何大学信息技术与现代服务专业、李文忠心理健康美心工作坊、陈若海指尖上中国--文化传承 5 个名师工作坊列入省级名师工作坊建设项目，以上共计 16 个项目被列入 2016-2018 省级质量提升工程重点建设项目，淮北工业与艺术学校已成为安徽省最具优质专业资源的职业院校。

2020 年 4 月 9 日，为进一步激发职业教育办学活力，推动淮北市职业教育高质量发展，淮北市教育局、市人社局就淮北工业与艺术学校、安徽淮北技师学院与天坤国际教育集团达成合作办学共识，并签订合作办学仪式。

淮北工业与艺术学校作为全国优秀职业技能鉴定所（站）、全国计算机应用技术考证培训基地、安徽省机电高技能人才培训基地、安徽省职业院校技能大赛赛点、安徽省普通话水平测试点、淮北市高技能人才实训基地、淮北市职业技能竞赛基地、淮北市小学幼儿园教师培训基地、淮北市中小学教师及公务员计算机应用能力培训基地，责无旁贷的承担着为区域经济增长输送人才的使命，近年来为社会输送了大量专业复合型人才，学校先后荣获"国家级重点中专学校"、"全国职业教育先进单位"、"全国首批职业院校数字校园建设实验校"、"全国艺术教育特色单位"、"全国职工教育培训示范点"、"安徽省语言文字工作先进单位名单"、"国防教育特色学校"、"安徽省第二批校企合作示范基地"、"淮北市十佳美好校园"等荣誉称号。

# 附录二：合作高等职业学院名录（部分）

### 1. 台州职业技术学院（中德院校）

台州职业技术学院是一所政府举办的全日制普通高等学校，地处中国民营经济发祥地之一、长三角南翼重要制造业基地、东南沿海现代化港口城市——浙江省台州市。学校筹建于 1999 年；2001 年 5 月，浙江省人民政府批准建立台州职业技术学院；2003 年、2006 年，浙江省台州工业学校和浙江贸易经济学校先后成建制并入。2007 年，学校顺利通过教育部高职高专人才培养工作水平优秀评估；2012 年，学校成为"浙江省示范性高等职业院校"。中国高等教育学会会长、教育部原副部长周远清担任学校顾问，浙江工业大学首任校长洪起超担任名誉校长。现任党委书记李昌道，院长章伟。

学校占地面积 550 亩，建筑面积 27 万平方米，固定资产总值 6.1 亿元（其中教研设备总值 1.48 亿元）。下设机电工程学院、信息技术工程学院、建筑工程学院、医学与制药工程学院、管理学院、经贸学院、人文学院（马克思主义学院）、汽车学院、中德学院、艺术学院等 10 个二级学院。现有全日制在校生 1 万余人，教职工 607 人。拥有副高及以上职称教师 190 人，硕士、博士学历或学位教师 384 人；省级教学团队 2 个、省级专业带头人 15 人、1 人入选省青年科学家培养计划。开设 31 个专业，其中国家教学改革试点专业 2 个，教育部专项资助专业 2 个，省级重点专业 2 个，省级示范建设重点专业 3 个、省级优势专业 5 个，省级特色专业 12 个。拥有省级精品课程 15 门，省级教学和课堂改革项目 50 余项，国家规划、省级重点等教材 40 余部，省教学成果奖 4 项。

学校自成立以来，始终坚持"高教性、职教性、地方性"的"三性"

办学定位，以服务区域经济发展为宗旨，秉承"源于产业、依托产业、服务产业"的专业建设思路，深入推进产教融合、校企合作。建有校内实训基地 38 个、实训实验室 179 个，其中国家数控技术紧缺人才培养培训基地 1 个，获中央和省财政专项资金支持实训基地 2 个；省级示范性实训基地 9 个。拥有省级产业技术联盟、省级协同创新中心、省级创新团队各 1 家，市级研究机构 5 家，校级研究机构 14 家，校企共建二级学院 5 个，市级院士工作站 1 个。学校拥有维修电工、数控车工、人力资源师等三个高级技师鉴定资格，可鉴定和考证工种达 22 个。

学校大力推进教育教学改革，人才培养质量稳步提高。近几年，学生实践创新能力大幅提升，学生获国家级技能竞赛奖 10 项、省级一等奖 30 项，获省级大学生科技创新项目（新苗人才计划项目）74 项，以学生作为第一作者公开发表的学术论文 80 篇，获得专利授权和登记软件著作权 925 项，其中国家发明专利 130 项，36 项科技成果得到推广。学校先后为社会输送了 4 万多名优秀高职人才，毕业生的初次就业率均在 98% 以上。

学校坚持开放办学，持续推进合作办学国际化，先后与美国、德国、英国、新加坡、中国香港、中国台湾等近 20 多所国（境）内外大学或研究机构建立了校际友好合作与交流关系。与德国 bbw 教育集团合作举办中德学院、与美国印第安纳理工学院合作举办机电一体化技术专业、参加省"一带一路"职业与语言培训中心（泰国）等职教合作项目。此外，学校还注重师资提升国际化、学生培养国际化，积极开展国际引智和外籍教师聘任工作，多渠道提高师生海外交流学习的比例和质量。

学校先后获"浙江省文明单位"、"全国模范职工之家"、"浙江省治安安全示范单位"、"浙江省卫生先进单位"、"浙江省高校先进基层党组织"等多项荣誉。"省级金牌国家职业技能鉴定所"、"全国英语翻译证书甲级考试培训核心合作机构"、"浙江省首批涉台教育基地"、"浙江省首批国际服务外包人才培育基地"、"台州国家级汽车及零部件出口基地培训中心"等相继落户学校。

"潮平两岸阔，风正一帆悬"。学校将励精图治、革故鼎新，全力推进内涵式发展，立足台州，面向浙江，辐射长三角，努力把学校建成优势突出、特色鲜明的高水平优质高职院校。

**2.河南化工技师学院（中德院校）**

河南化工技师学院建于 1978 年，地处八朝古都、全国优秀旅游城市——开封市，隶属于河南省人力资源和社会保障厅，属高等职业教育范畴，是河南省唯一一所省属公办化工类技师学院，是河南省财政全额供给事业单位，是河南省石化职工技能竞赛基地、石化行业全国示范性实训基地、国家技能人才培育突出贡献单位、世界技能大赛河南省训练基地，是河南省培养高级工、预备技师、技师等化工及各类高技能专门人才的重要基地。

学院占地面积 300 亩，现有建筑面积 20 万余㎡，学生 13200 余人。

学院设三院三系一部：化学化工学院、自动化学院、实验技术学院、机械工程系、信息工程系、现代服务系和基础教学部。具有高级工、预备技师、技师、高级技师等培养和培训层次，开设有化工工艺、高分子材料加工、煤化工、精细化工、食品加工与检测、现代物流、化工分析与检验、环境保护与检测、电子显微镜操作与维护、化工仪表及自动化、3D 打印技术应用、无人机应用技术、物联网应用技术、化工机械维修、冷作钣金加工、数控加工、焊接加工、火电厂热力设备运行与检修、汽车维修、电气自动化设备安装与维修、楼宇自动控制设备安装与维护、工业机器人应用及维护、计算机动画制作、摄影与摄像技术、平面设计、电子商务、航空服务、飞机维修、铁路客运服务、城市轨道交通运输与管理、电气化铁道供电、机电一体化技术、幼儿教育、建筑装饰等 40 多个常设专业和技能高考班、技能留学班。

学院建有整洁幽雅、常年葱绿、四季花香的花园式校园，有藏书 23 万余册的图书馆和规模宏大的实训楼。建有数字教室、多媒体教室、电子阅览室、模拟仿真实训室；建有拥有 1220 余台计算机的机房、95 台万分之一精度的光学分析天平的天平室及材料力学、金相检验、化工分析、化工仪表、工业分析、化工原理、化工仪表自动化控制（DCS）、机械检测、金属材料金相及热处理、焊工、钳工、电工电子技术、计算机仿真等 113 个专业实训场。各个实验场设施齐全，设备先进、管理规范。另外，还拥有覆盖全院教学楼、实训场、学生宿舍、食堂以及室外公共场所的无线校园网；建成校园广播电视中心、"智慧课堂"、"豫化在线"平台；实现校园无线上网、移动学习、工作和生活的数字化校园。由于学院拥有优良的实训设备，严密的实训组织制度，连续 15 年承办了河南省总工会主办的河南省化工仪表维修工、化工分析工、化工总控工、化工机械维修工、化工维修电工、焊接工等 6 个专业工种技能比武决赛，出色的组织工作赢得河南省总工会和参赛单位的充分肯定，赢得了河南省总工会颁发的"突出贡献奖"。

针对技工院校学生的特点，学院探索出一套行之有效、事半功倍的教育教学方式方法即教育工作活动化、教学工作一体化。第三方教育评价公司麦可思公司对学院 2018 届的毕业学生调查研究显示：学院毕业生对母校的总体满意度为 92%，比全国高职院校平均值 86%高 6 个百分点。学院毕业生中，有 65%的人认为大学生活帮助自己在"遵纪守法""积极努力、追求上进"方面得到明显提高。2018 年，在首届河南省技工院校教师职业能力大赛中，学院有 17 位老师获奖，获奖总数名列全省参赛院校第一名。

学院在全国职业院校学生化学检验工、化工总控工、化工检修钳工、仪表维修工等各项技能大赛中屡获佳绩。其中一二等奖得奖率远高于平均水平，稳居第一方阵。学院秉承"千里之行，始于足下"的院训，倡导"劳动创造美好生活"的核心价值观，培育"做事先做人，做人德为先"与"铸大国工匠，凝时代匠心"的教育理念，围绕"育人、育技、育师"三大重心，以"幸福老师、阳光学生、美丽校园"为愿景，打造踏实、有执行力的高技能人才培育品牌，熔铸"艰苦奋斗、踏实肯干、积极阳光、尊重包容、团结协作、精益求精"的化院精神，坚持"以服务为宗旨、以就业为导向、以化工为特色、以学生为中心、以能力为本位、以质量为核心、以改革创新为动力、以发展为保障、以就业竞争力为目标、以满意度为检验标准"的办学方针，贯彻"以德立校、依法治校、质量强校、和谐兴校"的指导思想，深耕"高端引领、校企合作、多元办学、内涵发展"和"产教融合、工学结合、知行合一、德技双优"的办学理念，以"打造硬实力，强化软实力，培养综合力，提高竞争力，增强吸引力，扩大影响力"为发展途径和重点任务，落实"关爱学生、服务发展、打造特色、德技双优、持续改进"的质量方针，倡导"每天锻炼一小时，健康工作五十年，幸福生活一辈子"，朝着"实力化院、文化院、文明化院、和谐化院、美丽化院、幸福化院"的奋斗目标阔步前进，逐步形成了"团结、进取、责任、奉献"的校风，"尚德、精学、严教、爱生"的教风，"尊师、守纪、勤学、诚信"的学风。"力戒浮躁、狠抓落实、与时俱进、再创辉煌""团结进取创名校、求实创新争一流"的校园文化氛围促使各种良好风气蔚然成风。

办学 40 年来，学院为社会输送了 4 万多名毕业生，为社会培训各类实用型技能人才 4.5 万多名。其中 2 名学生入选第 45 届世界技能大赛国家集训队，2 名学生获评由团中央学校部、全国学联秘书处、中国青年报社联合评选的"最美中职生"，大部分学生成为企业骨干，多人获得省、市"五一劳动奖章""技术能手"，获得市和集团公司"劳动模范""先进工作者""三八红旗手"等荣誉称号。

砥砺奋进 40 年，春华秋实再出发。今天，蓬勃发展的河南化工技师学院被社会各界誉为"全国知名、省内一流""高技能人才的沃土、大国工匠的摇篮"。发展征程，弦歌不辍。面向未来，学院全体教职工必将不忘初心，牢记使命，高举旗帜，团结奋进，深入学习贯彻党的十九大精神，与改革开放同行，与伟大时代共进，为助力技能强国，建功立业新时代！

**3. 济宁技师学院（中德院校）**

济宁市技师学院始建于 1958 年，其前身为济宁市中等技术学校，1974年更名为济宁市技工学校，1997 年升格为济宁市高级技工学校，2002 年更名为济宁市技术学院，2010 年经职教资源整合晋升为济宁市技师学院。

建校 60 年来，技师学院人艰苦创业，奋发图强，综合实力和办学水平不断提高，服务经济社会发展能力显著增强，打造了技能特色鲜明的技工教育品牌。学院现为国家重点技工学校、国家级高技能人才培训基地、全国职工教育培训优秀示范点、山东省技工教育特色名校、山东省文明单位、第 45 届世界技能大赛山东省集训基地、山东省首批高职与技师学院联合培养试点院校、山东省高技能人才培训基地、山东省技师培训基地、山东省"金蓝领"培训基地、山东省工友创业实训基地，济宁市高技能人才培养示范基地、技工教育联盟牵头单位、机械加工专业公共实训基地、机械制造职教集团理事长单位。

学院设有机电工程系、数控技术系、建筑工程系、信息技术系、汽车工程系、生物化学工程系、轻纺服务系，开设技师、高技、中技专业 40 余个，专业涵盖济宁各大支柱产业。机电一体化技术、化工工艺为人社部一体化教改试点专业，信息技术为山东省示范专业（群），数控技术为省级一体化教改试点专业，机械装配与维修、数控加工为山东省百强名牌专业，电气自动化设备安装与维修、电子技术应用、焊接加工和化工工艺为济宁市名牌专业，机电一体化技术、汽车维修、幼儿教育为济宁市特色示范专业。

学院坐落于济宁国家高新技术产业开发区，校区现占地面积 400 亩，校舍建筑面积 14.8 万平方米，全日制在校生 12000 人，年各类职业培训规模为 15000 人。现有教职工 558 人，专任教师 378 人，其中：教授 23 人，副教授 120 人，博士、硕士研究生 163 人，技师、高级技师 225 人，全国技术能手 1 人，泰山产业领军人才 1 人，省、市级首席技师 8 人，省、市级技术能手 45 人，形成了一支以高层次、高技能人才领衔，适应高技能人才培养的高水平教师队伍。

学院拥有先进的教学设施和完备的公共服务体系，建有与各专业配套的机械加工、数控加工、焊接技术、汽车检测与维修、服装制作、金属测量、电工电子、机械原理、力学金相、化工检验等 100 余个现代化实训中心（室）和实验室，建有 1 个实习厂和 4 个校企合作"校中厂"，总建筑面积 4 万余平方米。建有田径、足球、篮球、排球、网球、羽毛球、乒乓球等体育设施。学生公寓、餐厅、浴室、超市等生活服务设施齐备。

学院高度重视技能人才培养工作，始终坚持以就业为导向、以技能为特色、以能力为本位的教育理念，积极探索产教融合、校企合作的人才培养模式，全面推行理论实习一体化教学，开展新型学徒制试点，不断完善军事化管理和企业"7S"管理相结合的学生教育管理模式，促进了人才培养质量不断提高，毕业生鉴定合格率保持在 96% 以上，天津职业技术师范大学对口升本率始终名列全省同类院校榜首。学院全面对接世界技能大赛，坚持以大赛树品牌，以大赛促教学，充分发挥世赛及国内各类技能竞赛的引领推动作用，取得了丰硕的办学成果。

学院坚持以人为本、服务学生的工作理念，积极落实国家免学费政策，同时建有完善的"助、奖、勤、减、补、免"多位一体的资助体系。高度重视毕业生就业工作，牢固树立为学生就业终身服务的理念，致力打造优企、优岗、优酬"三优"就业格局。不断深化校企合作，大力实施校企合作"订单式"、"企业冠名班"培养，实现了招生与招工互通、教学与生产同步、实习与就业一体的校企融通机制。学院在省内外 200 余家大中型企业建立了长期稳定的实习、就业基地，开通了多种提升技能促就业的就业通道，形成了立足济宁、面向全省、辐射全国的就业格局，毕业生当年就业率达 96% 以上，"招生即招工，毕业即就业"已成为学院响亮的品牌。

学院以服务社会为己任，设有国家职业技能鉴定所和培训处（中心），开放学院优质培训资源，注重由学制教育向多元化技工教育培训转变，充分发挥技能提升促就业和稳定就业功能，学院现已成为政府、企业指定的职业院校教师、企业在职职工、农村转移就业劳动者、失业人员、高校毕业生、退役士兵等群体的培训基地，每年举办"金蓝领"技师等各种职业培训和技能鉴定 10000 余人次。设有青岛科技大学、山东理工大学研究生培养基地和山东大学、沈阳大学等多所高校本专科函授、远程教育、自考教学基地，形成了全日制教育与各类职业培训并举、各个层次相互衔接的办学格局。

学院积极开展国际教育交流与合作，目前已与德国柏林新科技公益有限公司、澳大利亚班迪戈堪培门学院等多个国家的高校、教育机构建立了长期合作关系，积极学习借鉴国际先进教育理念，引进国际先进、成熟适用的人才培养标准、专业课程、教材体系等优质教育资源，推动技能人才的培养与国际接轨。

学院坚持以立德树人为根本任务，以文明创建为引领，将社会主义核心价值观和工匠精神贯穿于育人全过程，规范内部管理，提高服务保障能力，提升内涵实力，打造平安校园、人文校园、文明校园、和谐校园、幸福校园，努力建设"人民满意的技师学院"，锻造出了"崇德砺能、知行合一"校训精神，形成了"团结、自强、求实、创新"的校风，"敬业爱生、博学善教"的教风和"勤学笃行、精益求精"的学风。建校 60 年来，学院已培养中、高级技能人才 40000 余人，各类职业培训鉴定人数达 30000 余人，为经济社会发展做出了突出的贡献。学院先后被评为全国德育工作先进集体，省、市教学质量优秀单位、教书育人先进单位、职业技术教育先进单位、培养技能人才先进单位等。

进入新时代，再踏新征程。在新的历史起点上，学院将以更大的责任担当，主动融入经济社会发展新常态，积极服务国家重大发展战略，坚持不懈地大力实施"质量立校、人才强校、特色兴校、文化铸校"战略，致力将学院打造成为以培养技能型、创新型、复合型人才为主的高技能人才综合培养基地、应用技术研发转化平台、满足各类人群多样化终身学习需求的继续教育中心，力争 2020 年创建国家级重点技师学院、全国文明校园，跨入全国一流高水平技师学院行列。

## 4. 东莞技师学院（中德院校）

济宁市技师学院始建于 1958 年，其前身为济宁市中等技术学校，1974年更名为济宁市技工学校，1997 年升格为济宁市高级技工学校，2002 年更名为济宁市技术学院，2010 年经职教资源整合晋升为济宁市技师学院。

建校 60 年来，技师学院人艰苦创业，奋发图强，综合实力和办学水平不断提高，服务经济社会发展能力显著增强，打造了技能特色鲜明的技工教育品牌。学院现为国家重点技工学校、国家级高技能人才培训基地、全国职工教育培训优秀示范点、山东省技工教育特色名校、山东省文明单位、第 45 届世界技能大赛山东省集训基地、山东省首批高职与技师学院联合培养试点院校、山东省高技能人才培训基地、山东省技师培训基地、山东省"金蓝领"培训基地、山东省工友创业实训基地，济宁市高技能人才培养示范基地、技工教育联盟牵头单位、机械加工专业公共实训基地、机械制造职教集团理事长单位。

学院设有机电工程系、数控技术系、建筑工程系、信息技术系、汽车工程系、生物化学工程系、轻纺服务系，开设技师、高技、中技专业 40 余个，专业涵盖济宁各大支柱产业。机电一体化技术、化工工艺为人社部一体化教改试点专业，信息技术为山东省示范专业（群），数控技术为省级一体化教改试点专业，机械装配与维修、数控加工为山东省百强名牌专业，电气自动化设备安装与维修、电子技术应用、焊接加工和化工工艺为济宁市名牌专业，机电一体化技术、汽车维修、幼儿教育为济宁市特色示范专业。

学院坐落于济宁国家高新技术产业开发区，校区现占地面积 400 亩，校舍建筑面积 14.8 万平方米，全日制在校生 12000 人，年各类职业培训规模为 15000 人。现有教职工 558 人，专任教师 378 人，其中：教授 23 人，副教授 120 人，博士、硕士研究生 163 人，技师、高级技师 225 人，全国技术能手 1 人，泰山产业领军人才 1 人，省、市级首席技师 8 人，省、市级技术能手 45 人，形成了一支以高层次、高技能人才领衔，适应高技能人才培养的高水平教师队伍。

学院拥有先进的教学设施和完备的公共服务体系，建有与各专业配套的机械加工、数控加工、焊接技术、汽车检测与维修、服装制作、金属测量、电工电子、机械原理、力学金相、化工检验等 100 余个现代化实训中心（室）和实验室，建有 1 个实习厂和 4 个校企合作"校中厂"，总建筑面积 4 万余平方米。建有田径、足球、篮球、排球、网球、羽毛球、乒乓球等体育设施。学生公寓、餐厅、浴室、超市等生活服务设施齐备。

学院高度重视技能人才培养工作，始终坚持以就业为导向、以技能为特色、以能力为本位的教育理念，积极探索产教融合、校企合作的人才培养模式，全面推行理论实习一体化教学，开展新型学徒制试点，不断完善军事化管理和企业"7S"管理相结合的学生教育管理模式，促进了人才培养质量不断提高，毕业生鉴定合格率保持在 96%以上，天津职业技术师范大学对口升本率始终名列全省同类院校榜首。学院全面对接世界技能大赛，坚持以大赛树品牌，以大赛促教学，充分发挥世赛及国内各类技能竞赛的引领推动作用，取得了丰硕的办学成果。

学院坚持以人为本、服务学生的工作理念，积极落实国家免学费政策，同时建有完善的"助、奖、勤、减、补、免"多位一体的资助体系。高度重视毕业生就业工作，牢固树立为学生就业终身服务的理念，致力打造优企、优岗、优酬"三优"就业格局。不断深化校企合作，大力实施校企合作"订单式"、"企业冠名班"培养，实现了招生与招工互通、教学与生产同步、实习与就业一体的校企融通机制。学院在省内外 200 余家大中型企业建立了长期稳定的实习、就业基地，开通了多种提升技能促就业的就业通道，形成了立足济宁、面向全省、辐射全国的就业格局，毕业生当年就业率达 96%以上，"招生即招工，毕业即就业"已成为学院响亮的品牌。

学院以服务社会为己任，设有国家职业技能鉴定所和培训处（中心），开放学院优质培训资源，注重由学制教育向多元化技工教育培训转变，充分发挥技能提升促就业和稳定就业功能，学院现已成为政府、企业指定的职业院校教师、企业在职职工、农村转移就业劳动者、失业人员、高校毕业生、退役士兵等群体的培训基地，每年举办"金蓝领"技师等各种职业培训和技能鉴定 10000 余人次。设有青岛科技大学、山东理工大学研究生培养基地和山东大学、沈阳大学等多所高校本专科函授、远程教育、自考教学基地，形成了全日制教育与各类职业培训并举、各个层次相互衔接的办学格局。

学院积极开展国际教育交流与合作，目前已与德国柏林新科技公益有限公司、澳大利亚班迪戈堪培门学院等多个国家的高校、教育机构建立了长期合作关系，积极学习借鉴国际先进教育理念，引进国际先进、成熟适用的人才培养标准、专业课程、教材体系等优质教育资源，推动技能人才的培养与国际接轨。

学院坚持以立德树人为根本任务，以文明创建为引领，将社会主义核心价值观和工匠精神贯穿于育人全过程，规范内部管理，提高服务保障能力，提升内涵实力，打造平安校园、人文校园、文明校园、和谐校园、幸福校园，努力建设"人民满意的技师学院"，锻造出了"崇德砺能、知行合一"校训精神，形成了"团结、自强、求实、创新"的校风，"敬业爱生、博学善教"的教风和"勤学笃行、精益求精"的学风。建校 60 年来，学院已培养中、高级技能人才 40000 余人，各类职业培训鉴定人数达 30000 余人，为经济社会发展做出了突出的贡献。学院先后被评为全国德育工作先进集体，省、市教学质量优秀单位、教书育人先进单位、职业技术教育先进单位、培养技能人才先进单位等。

进入新时代，再踏新征程。在新的历史起点上，学院将以更大的责任担当，主动融入经济社会发展新常态，积极服务国家重大发展战略，坚持不懈地大力实施"质量立校、人才强校、特色兴校、文化铸校"战略，致力将学院打造成为以培养技能型、创新型、复合型人才为主的高技能人才综合培养基地、应用技术研发转化平台、满足各类人群多样化终身学习需求的继续教育中心，力争 2020 年创建国家级重点技师学院、全国文明校园，跨入全国一流高水平技师学院行列。

### 5.苏州高等职业技术学校（中德院校）

苏州高等职业技术学校（江苏联合职业技术学院苏州分院），是江苏省教育厅批准设立的全日制公办高等职业技术学校，旨在培养以五年制大专学生为主的高素质劳动者和技术技能人才。学校现有两个校区，在校教职员工 400 余人，学生近 6000 人，设有电子工程、机电工程、信息工程、服装工程、艺术设计和经济贸易 6 大专业群，20 多个专业。学校秉承"德技双馨，手脑并用"的校训，遵循"用一流的标准办好学校，用服务的理念建好每一个专业，用科学的精神教好每一个学生，用真诚的关爱发展好每一位教师"的"四好"办学理念，逐步形成五大特色：

1.对接地方经济，形成一体两翼格局。即以先进制造业为"主体"，以传统工艺和现代服务业为"两翼"的办学格局。

2.对接产业转型，实现专业调优升级。学校适时调整，拓宽了专业领域，新设了医用电子仪器与维护等专业。

3.对接行业企业，创新人才培养模式。学校坚持"办企业心中的职业教育"的校企合作理念，实现校企深度融合。

4.对接岗位能力，开展教学模式改革。改革培养模式、教学模式、评价模式，践行"理实一体化"教学。

5.对接国外职教，探索国际合作新路。学校与韩国、德国、日本、美国、中国台湾等国家和地区的职业学校建立了友好合作关系，与韩国忠北半导体高等职业学校定期开展"国际交换生"活动，与德国 BBW 教育集团共建中德职业教育培训中心。近年来，随着办学特色的不断彰显，内涵建设的丰富充实，学校获得了首批国家级重点职业学校、江苏省高水平现代化职业学校、首批江苏省高水平示范性职业学校、首批江苏省现代化示范性职业学校、江苏省职业教育先进集体、江苏省职业学校智慧校园、江苏省职教德育特色学校、江苏省技能大赛先进学校、江苏省职业院校信息化教学大赛先进单位、江苏省职业教育创新大赛最佳组织学校、全国文明风采大赛优秀组织单位、江苏省职业教育技能教学研究基地等荣誉。学校在各级各类大赛中取得的综合成绩位居省市同类学校前列。学校将建设一流的课程、一流的师资、一流的实训基地来打造品牌专业，用品牌专业培养品牌学生，用品牌学生支撑起品牌学校，建设高水平现代化优质特色职业学校，以此成就学生的梦想、成就教师的梦想、成就学校的梦想！

## 6. 马来西亚泰莱大学

创立于 1969 年，是马来西亚历史悠久及最杰出的私立大学学院之一，享有崇高的信誉。它拥有超过三十年卓越的教学经验，向以优良的学术传统著称。

泰莱大学学院开办的课程广泛，包括大学先修班，文凭课程，学士课程与硕士课程。至今泰莱大学学院已栽培超过 5 万名学生，而 2006 年报读人数也创下超过 8 千 200 人的新纪录。泰莱大学学院每年录取国际学生超过 1 千名，它为莘莘学子敲开了世界各地著名大学学府的大门。

## 7. 重庆旅游职业学院

重庆旅游职业学院是重庆市人民政府设立、教育部备案的一所公办旅游高等院校，是中央专项资金"支持高职学校提升专业服务能力"项目院校、重庆市旅游职业教育现代学徒制人才培养模式试点高校、重庆市"大学生创新创业训练计划"项目院校、重庆市"雨露计划·职教扶贫"项目院校、中国自然资源学会旅游资源研究专业委员会副主任单位。

学院一直得到党和政府的高度重视与亲切关怀。建校以来，张德江、贺国强、黄奇帆等中央和重庆市领导，国家发改委、国家民委、国家扶贫办及重庆市相关部门领导，都曾到校视察、调研和指导工作。

学院地处渝东南地区和武陵山片区中心城市，有"东方卢森堡"之称的"峡谷峡江之城清新清凉之都"——重庆市黔江区，毗邻优美壮丽的"芭拉胡"景区。群山苍茫气势磅礴，碧波娟秀溪流翠绿，人杰地灵英才辈出，学院就坐落于这样一幅灵秀的水墨丹青画中。校园占地 312 余亩，图书馆、教学楼、办公楼、学生食堂、学生公寓、田径运动场、篮球场、学生活动中心、民族传统体育训练基地等校舍建筑面积达 20 万余平方米。

兴建有酒店实训楼、3D 模拟导游实训室、中西餐实训室、酒吧、酒窖、糕点间、园林实训室、茶文化室、茶艺室等校内实训场所，并与重庆旅投集团、浙江宋城集团、湖南张家界景区等 90 余家旅游企业开展深度校企合作，建立了多个校外实训基地。

学院现有旅游管理系、酒店管理系、旅游规划系、旅游装备系、国际旅游系、旅游艺术系、大数据学院、公共基础部 8 个教学单位，开设了导游、旅游管理、酒店管理、园林技术、会计、音乐表演、舞蹈表演、旅游英语、商务英语、工艺美术品设计、烹调工艺与营养、汽车检测与维修技术、空中乘务、学前教育、数字媒体应用技术、大数据技术与应用、民族传统技艺、网络营销、信息统计与分析、智能控制技术等 20 个专业，其中，教育部、财政部"支持高职学校提升专业服务能力"项目专项资金支持建设专业 2 个，教育部、文化部、国家民委"首批 100 个全国职业院校民族文化传承与创新示范专业点"1 个，涵盖"吃住行游购娱"等旅游行业需求，呈现出鲜明的旅游特色，毕业生就业率高达 97%以上，在同类院校中名列前茅。

学院实施人才强校战略，着力打造一支素质优良、结构合理、爱岗敬业的教职工队伍。现有教职工 200 余人，其中有博士、硕士学位的 160 余人，副教授及以上高级职称的 30 余人，有国外留学背景的 5 人，外籍教师 3 人。并特聘中国科学院袁道先院士担任名誉院长，特聘旅游行业各界精英 40 余名作为学院兼职教授。与美国加州圣何塞州立大学、柬埔寨管理经济大学等高校签署了教育合作协议，学生在卡塔尔、阿联酋等国进行国外学习；并与西南大学等高校开展"专衔本"、"自考"教育合作协议，为学生进一步提升学历奠定基础。

根据重庆市委、市人民政府《关于大力发展职业技术教育的决定》和《关于进一步加快发展旅游产业的决定》，学院在未来发展中，将秉承"为每个学生的人生出彩创造机会"的办学理念，按照"把握'四个服务'，推进依法治校，彰显旅游特色"的办学思路，以"有健康身心、有文化底蕴、有精湛技艺，有创新精神和有发展潜能"人才培养标准，顺应时代要求，抢抓历史性发展机遇，建设成为旅游行业特色鲜明的应用创新型院校高职院校。

## 8. 云南文化艺术职业学院

云南文化艺术职业学院（Yunnan Vocational College of Culture&Art）位于云南昆明，是全国18所省级公立艺术类高职院校之一，学校为云南省少数民族艺术人才培养基地、云南省非物质文化遗产传承基地、云南省公共文化人才培训中心和云南华文教育基地。

学院始建于1956年，前身系云南省艺术学校。2004年，经云南省人民政府批准，与原云南省文化厅职工大学合并成立云南文化艺术职业学院。

截至2015年12月，学院占地面积10万平方米，资产总额19732.54万元，有校内实习实训基地97个，校企合作共建实习实训基地32个，图书总量11.17万册；招生三年制大专20个，五年制大专8个，八年制大专4个，中专10个；教职工总数266人，在校生规模为2708人。

专业设置

现开设音乐表演、舞蹈表演、戏剧表演、影视表演、表演艺术、广告设计与制作、视觉传达艺术、环境艺术设计、人物形象设计、电脑艺术设计、杂技、群众文化艺术、文化事业管理、文秘、计算机信息管理、多媒体设计与制作、舞台灯光与音响、图书馆学等18个大、中专专业。

教学建设

中央财政支持高等院校提升专业服务产业能力建设项目：舞蹈表演专业

云南省高等院校提升专业服务产业能力建设项目：戏曲表演、花灯表演（五年制大专）、影视表演专业、音乐表演专业

全国职业院校民族文化传承与创新示范专业点：云南少数民族舞蹈

云南省级特色专业：花灯表演、舞蹈表演

云南省示范实习实训教学基地：梦幻腾冲

云南省高职院校专业实习实训教学基地

### 9. 云南旅游职业学院

云南旅游职业学院是经云南省人民政府批准、国家教育部备案，由省教育厅主管的云南省唯一的一所旅游类、大专层次、公办全日制高等职业院校。

从 1956 年建校至今，学校经过了五个重要的发展历程：1956 年 4 月，昆明地质学校建校；1965 年昆明地质学校、重庆地质学校和四川地质技工学校"三校合并"，1994 年被国家教育部评定为全国重点中等专业学校；1997 年 12 月 25 日，地矿部与云南省政府签署协议，将昆明地质学校改建为云南省旅游学校，直属于原云南省旅游局；2010 年 2 月 26 日获省政府正式批复同意，2011 年 5 月 9 日教育部备案，云南旅游职业学院正式成立，由原云南省旅游发展委员会主管，2014 年通过高等院校人才培养合格评估；2018 年 10 月起，学校由省教育厅主管。

学校位于昆明市龙泉路 268 号，占地面积 142617.53（142617）平方米，总建筑面积 100277 平方米。学校在建新校区位于嵩明职教基地，占地面积 973 亩。学校现有在职在编教职工 289 人，正高 10 人（其中教授 9 人）、副高 68 人（其中副教授 34 人）、博士 2 人，硕士 112 人。现有国家文化和旅游部确定的青年专家培养对象 3 人，云南省旅游专家服务团成员 20 余人，云南省导游考试现场考官 50 名，有 5 名高尔夫专业教师获得国际高尔夫职业经理人晋级资格证书（PDA）和苏格兰教师资格证书（AI）。

学校设有酒店管理学院、旅游管理学院、外语学院、文化艺术学院、经济管理学院、资源工程学院、信息与传媒学院、互联网学院及基础教学部、体育教学部、思政教学部"八院三部"，共开设 38 个专业。现有在校学生 10000 余人。

学校以培养旅游专业人才、服务旅游产业发展、开展旅游科学研究、弘扬云南旅游文化为使命，充分发挥云南旅游产业发展和自身办学优势，重点发展旅游类及其相关专业；认真贯彻党的教育方针，坚持社会主义办学方向，坚持"以立德树人为根本，以服务发展为宗旨，以促进就业为导向"的职业教育方针；学习贯彻 2018 年全国教育大会精神，贯彻落实《国家职业教育改革实施方案》，加强学校现代高等职业教育内涵建设，以立足云南、依托产业、服务全国、面向南亚东南亚，办高质量有影响力的旅游职业院校为目标；以全日制高职学历教育为主、职业培训与技术服务并举、多种形式办学；培养旅游及社会经济发展需要的专业人才，为云南旅游强省战略建设培养输送高素质技术技能人才。

60 多年的办学历史与积累，学校人才培养质量、服务社会、科学研究等工作得到各级政府及社会、家长、学生的认可。学校是教育部确定的"全国重点建设职业教育师资培训基地"、国家文化和旅游部（原国家旅游局）授予的"中国—东盟旅游人才教育培训基地"、中国科协认定的"全国科普教育基地"；2018 年学校列为首批"云南省管理水平提升行动计划职业院校管理 15 强示范校"；学校牵头的云南旅游职业教育集团被立项为"云南省示范性职教集团化办学建设单位"；导游专业是教育部、国家文化和旅游部认定的全国旅游院校示范专业；学校是国家文化和旅游部认定的国家级校企合作示范基地（导游、酒店管理专业）；导游、酒店管理专业是云南省高水平骨干专业；烹调工艺与营养、宝玉石鉴定与加工、婚庆服务管理专业省级现代学徒制试点专业等。

在国家"一带一路"政策指引下，学校依托云南面向南亚东南亚的独特区位优势和云南旅游产业转型升级、新兴业态不断涌现的发展机遇，以"中国—东盟旅游人才教育培训基地"为平台，持续深入开展对外教育培训交流与合作，国际影响力不断扩大，2017 年、2018 年连续两年被评为"国际影响力 50 强"，2018 年获评首届"亚太职业院校影响力 50 强"。

**10. 山东女子学院**

山东女子学院是省属公办普通本科高校，山东省唯一一所女子高校，全国 3 所女子普通本科高校之一。其前身是创建于 1952 年的山东省妇女干部学校；1961 年 2 月停办，1979 年 12 月恢复重建；1987 年、1995 年分别更名为中国妇女管理干部学院山东分院、中华女子学院山东分院，2010 年

3月经教育部批准改建为全日制普通本科高校——山东女子学院。

学校坚持以服务地方经济社会和妇女儿童发展为己任，"十三五"期间定位为建设应用型地方特色名校。学校建有市中玉函校区、长清大学科技园校区，总占地面积71.60万平方米，现有建筑面积25.35万平方米。教学仪器设备总值6729.56万元。建有实验实训室73个，校外实习、就业"双基地"208个。馆藏纸质图书125.05万册，年订中文纸质期刊634种，电子文献数据库22个、电子图书154.86万册、中外文电子期刊9252种。

学校现有教职工753人，其中教授61人、副教授208人；博士学位教师91人，硕士537人。学校享受国务院政府特殊津贴2人、省级教学名师4人、省级优秀教师6人，建有省级教学团队3个。面向全国14个省（自治区）招生，现有全日制在校学生1.2万人。

学校现设有15个教学院（部），33个普通本科专业和17个正在招生的专科专业，涉及教育学、法学、管理学、经济学、艺术学、文学、工学、理学8个学科门类。学校以培养高素质应用型专门人才为目标、以培养学生实践应用能力为重点推进专业与课程建设。建有本科省级特色专业1个、省级高水平应用型立项建设专业群2个、省级本科精品课程17门，主持省级教学改革研究项目24项，承担教育部卓越幼儿园教师培养改革计划项目1项、山东省卓越工程师培养计划项目1项。荣获国家基础教育教学成果奖1项，省级教学成果奖一等奖4项，二等奖4项，三等奖2项；建有省级人才培养模式创新实验区2个，省级教师教育基地1个。

学校坚持质量立校，注重学生应用能力培养，人才培养质量不断提高。近3年，学生在全国数学建模、"互联网+"大赛、电子商务创新创意创业大赛等大学生学科竞赛中获得国家级奖198项、省部级奖272项。学校与省妇联共同创办的山东女子创业大学先后培育教育部大学生创新创业训练计划项目78项，学校被评为山东省大学生创业教育示范平台。毕业生总体就业率保持在96%以上，优质就业率保持在70%左右，其中在山东省就业的本科毕业生占比85.4%。学校毕业生以突出的实践能力和较强的创新精神受到社会欢迎，学校被评为山东省高校毕业生就业工作先进集体。

"十二五"以来，学校承担国家自然科学基金课题 1 项、国家社科基金课题 6 项，全国教育科学规划国家级课题 1 项，国家艺术基金课题 2 项，国家级子课题和合作课题 8 项，省部级课题 314 项，获省部级科研奖 74 项；出版学术著作 115 部、教材 81 部，获批国家专利 210 项。

学校着力培育妇女/性别研究特色和优势，建有全国妇联妇女/性别研究与培训基地、全国家庭教育试验研究基地、山东女性人力资源开发与管理研究基地、山东省家庭文化研究中心、山东省健康养老研究中心等研究平台，取得了一系列研究成果，获得全国妇联、中国妇女研究会颁发的"中国妇女研究优秀组织奖"。以深化妇女/性别研究、弘扬先进性别文化为宗旨的《山东女子学院学报》是全国三本妇女/性别理论研究刊物之一，现已形成融性别研究视角与时代特征为一体的办刊特色，先后被评为"全国高校优秀社科期刊""全国地方高校精品期刊""华东地区优秀期刊""山东省优秀期刊"。

学校坚持开放办学，与国内外高校、科研院所、企事业单位等建立教育交流与合作关系。2011 年加入世界女子教育联盟，2014 年发起成立了中国女子高等院校联盟，与国内外女子高校一起致力于优质女性高等教育的发展。截至目前，共建立国（境）外合作院校 48 所。学校重视与周边国家及"一带一路"沿线国家的交流与合作。领导互访、师生交流、科研合作越来越频繁。国际交流与合作工作成为学校快速发展的重要推动力量。

学校坚持文化育人，在多年的办学历程中形成了"坤德含弘、至善尚美"的校训，"团结进取、求实创新"的校风，"自强不息、百折不挠、求实创新、不断攀登"的女院精神，"严谨治学、言传身教"的教风，"勤学慎思、求真敏行"的学风，先后输送毕业生近 7 万名，面向省内外培养培训妇女干部、幼儿园骨干教师等 2 万余人次。学校先后获得全国"三八"红旗集体、全国学籍管理工作先进集体、山东省教学管理工作先进集体、山东省高等学校科研管理先进单位、山东省教育招生考试工作先进集体、山东省高校毕业生就业工作先进集体、山东省"三八"红旗集体、山东省职工职业道德建设先进单位、山东省外事工作先进单位、山东省富民兴鲁先进单位等荣誉称号。百舸争流，破浪者领航；千帆共进，奋勇者当先。目前，学校正抓住机遇，振奋精神，借力改革，加快发展，为建设应用型地方特色名校、实现"百年女大"宏伟目标而努力奋斗。

### 11. 娄底职业技术学院

娄底职业技术学院是经湖南省人民政府批准成立的公办全日制普通高校，创办于 2001 年 8 月。2016 年 2 月娄底卫校整合到娄底职业技术学院。现有在校学生 18000 余人，校园占地面积 900 余亩，建筑面积 34 万平方米。办学成就辉煌。2006 年获教育部人才培养工作水平评估优秀等级，2008 年被确定为湖南省示范性高职院校建设单位，2013 年获"全国职业院校魅力校园"称号。

师资力量雄厚。现有在职教职工 1089 人，其中专任教师近 800 人，具有副高以上职称的专业技术人员 450 余人。省级教学名师 3 人，省级专业带头人 9 人，省级青年骨干教师 19 人。会计、模具设计与制造、软件技术 3 个专业教学团队被评为湖南省优秀高职教育教学团队。另从其他高校、科研院所和企业聘请了一大批实践经验丰富的专家、学者担任兼职教师，并聘有多名外籍教师任教。

专业门类齐全。开设涵盖汽车、制造、资源、农林牧渔、土建、电子信息、财经、医药护理等大类的 39 个专业。专业紧贴市场需要，突出职业特色。其中机电一体化技术、煤矿开采技术、畜牧兽医 3 个专业为中央财政支持的国家级重点建设专业；建筑工程技术、应用电子技术 2 个专业为国家级重点建设专业；应用电子技术、旅游管理专业获得教育部财政部"支持高职院校提升专业服务产业发展能力项目"专项资助；机电一体化技术、煤矿开采技术、模具设计与制造、护理 4 个专业为湖南省精品专业；煤矿开采技术、模具设计与制造、畜牧兽医 3 个专业为湖南省（校企合作）生产性实习实训（教师认证培训）基地建设项目专业；煤矿开采技术、护理、药剂 3 个专业为湖南省特色专业建设项目；煤矿开采技术为湖南省示范性特色专业建设项目；机电一体化专业为湖南省职业教育中高职衔接试点项目建设专业。

培养模式先进。学院致力于"校企融合、工学结合"的人才培养模式创新，坚持"教、学、做合一"，建立了"教室、车间合一"、"学生、学徒合一"、"做中学、做中教、做中考"的教学模式，形成了"课证相融、训赛相通、教学相长"的实践教学机制。设立在学院的国家职业技能鉴定所能组织网络编辑师、育婴师等 29 种职业资格证书和技能等级证书的鉴定和发证。近年来职业资格鉴定学生取证通过率达 96%。设施条件优越。学院建有全省一流的现代制造技术实训中心等 12 个实训中心，实验实训室 264 个。有附属医院 2 所，其中一所为国家二甲医院，有病床 500 张。图书馆藏书总量 90 余万册。提供医疗保健、心理咨询、健身洗衣、邮政速递、自助取款等生活便利服务。标准学生公寓，内有洗衣房、卫生间、阳台、衣柜书桌、热水开水、宽带电话等。

资助体系完善。学院建立了奖、助、减、免、补、勤六位一体的资助体系，对困难学生提供助学金、助学贷款及减免学费，受助率达 30%，各类奖助学金.2000－8000 元。学院提供校内外勤工助学岗位，可帮助经济困难学生完成学业。就业渠道畅通。学院与 400 多家大中型企业及医院建立了稳定的就业合作关系，每年邀请几百家用人单位在学校举行大规模的毕业生供需见面会。部分专业实行订单式培养，入学即意味着就业。毕业后由学院负责推荐工作。近几年毕业生就业率稳定在 95% 以上，多年被评为就业工作先进单位。交通条件便利。娄底位于湖南中部，毗邻长株潭地区，系全国十佳宜居城市、全国优秀旅游城市、国家卫生城市、国家园林城市，湘黔、洛湛铁路、沪昆高铁、沪昆高速、二广高速、长韶娄高速、娄怀高速贯通全市，乘高铁到省会长沙仅 40 分钟，乘火车可达湖南任一市州，交通十分便利。学院位于娄底市中心城区，校园环境优雅舒适，是读书治学的理想园地。

### 12. 云南经贸外事职业学院

云南经贸外事职业学院是经云南省人民政府批准，国家教育部备案，纳入国家计划内统一招生，具有独立颁发国家承认学历文凭的全日制普通高等学校。学院坐落在昆明主城区美丽的西山山麓、滇池之滨的海口，风景如画，气候宜人，环境优美。学院现有占地面积 1062 亩，拥有六个在省内独有的产、工、学结合的实训基地。学院设有经济管理系、工程系、机电系、人文系、护理学院、基础部，开设有 45 个专业。学院拥有一支高素质、专业化的优秀教师队伍，其中教授、高级工程师、副教授占 25.1%、双师型教师占 56.9%，专兼职教师 500 余名，全院在校学生 15000 余人。

学院秉承"修德志学强能致用"的校训，积极探索以提高学生素质为根本，强化能力为目标的人才培养模式。学院高度重视毕业生就业工作，实行订单式培养，毕业生素质过硬，动手能力强，就业渠道广，市场供不应求，就业率达 96% 以上，为云南省乃至全国培养了一大批具有良好职业道德、技能过硬的应用型人才。学院先后荣获"中国高等教育优秀学校"、云南省"优秀普通高等学校"、"云南省特色骨干高等职业院校"、"省级文明学校"建设单位等荣誉，受到社会的广泛赞誉。

### 13. 延安职业技术学院

延安职业技术学院是 2005 年起先后由原延安教育学院、延安师范学校、延安财经学校、延安农业学校、延安机电工程学校、延安林业学校、延安卫生学校、延安技工学校、延安鲁迅艺术学校和宝塔区职教中心等 10 所学校逐步合并而组建的一所全日制普通高职院校。2014 年跻身陕西省示范性高职院校。2016 年被列入国家优质专科高等职业院校建设单位。

校园占地面积 830 亩（其中主校区 525 亩），建筑面积 34 万平方米。现开设涵盖石油、化工、机电、经管、师范、艺术、农林、建筑、医学及航运 10 个领域的 38 个专业，设置有石油工程系、化工化学系、经济管理系、农林建筑工程系、机电工程系、师范教育系、医学护理系、航运工程系、艺术系（延安鲁迅艺术学校）、公共教学部、继续教育学院、延安干部培训学院枣园分院、职业技术技能培训中心(延安技工学校)、中职教育中心(宝塔区职教中心)等九系一部两院两中心。学院还有三所附属学校,分别是附属中学、附属小学和延安创新实验小学。学院校内建有十大实训中心、151 个实训室,校外有 156 个实训基地。现有在岗教职工 969 人,专任教师 422 人,教授 34 人,副教授 293 人;各类在校学生 13280 人,其中全日制在校生 8571 人。

2016 年学院被确定为定向培养海军士官直招院校,成为全国 20 所、陕西 2 所具有直招海军士官资质的院校之一。2017 年,学院成为定向培养武警士官直招院校,是陕西省唯一具有武警士官直招资质的院校。学院先后成为清华大学后勤员工培养输送基地、交通运输部海事局西部海员培养基地、共青团中央青少年培训基地、中国职业技术教育学会人文素质研究会革命传统教育研究中心等。学院被评为陕西省"平安校园"、省级高等职业教育示范性实训基地、延安市文明校园。

**14. 安康职业技术学院**

安康职业技术学院是经省政府批准、教育部备案,由安康市人民政府举办的一所全日制公办高等职业院校,位于安康市国家级高新区。学院于 2004 年由安康师范学校、安康卫生学校、安康第二师范学校合并组建,组建初期实行分校区办学。2010 年,学院在高新区高起点规划、高标准建设新校区,规划投资 7.5 亿元,累计投资 8 亿元,于 2016 年 8 月基本建成并整体迁入。2016 年 9 月,一次性实质性整合安康技师学院、安康市技工学校、陕西省广播电视大学安康分校、安康工业学校、安康职业中等专业学校、安康市军转培训中心、安康市供销培训学校等市直 7 所职业教育院校,实行集中统一办学,2017 年整合安康市农广校,真正成为一所融中等职业教育与高等职业教育于一体、职业教育与技能培训并举、全日制学历教育与成人继续教育兼顾的具有综合办学功能的高等职业院校。

学院占地面积 550 亩,校舍面积 21.5 万平方米。教学仪器设备总值 7000 余万元,有校内、外专业实验实训室、实践基地各 100 多个,教学用计算机 1500 余台，馆藏图书 40 余万册。现有教职工 604 人，专任教师 432 人，其中正高（教授）职称 7 人，副高职称 134 人，硕士学位 80 人，"双师型"教师 285 人，有国家级技能大师、省级教学名师、省级技能大师各 1 名，省、市专业研究会、学术委员会主委、副主委或教育学会理事、会员 80 余人，聘请兼职教师 164 人。

学院实行党委领导下的院长负责制和院系两级管理体制。学院内设党政办公室等 15 个管理机构，设技师学院、继续教育与培训学院、医学院、护理学院、师范学院、工程学院等 6 个二级学院，有三甲、三乙附属医院各 1 所。学院全日制五年制、三年制高职教育共开设医药卫生、教育、工程技术等九大类 30 多个专业。护理、临床医学、学前教育专业为省级"一流专业"建设、培育专业，形成了以医药卫生类专业为主导，以教育、工程、经贸、管理、文化艺术等多类专业协调发展的格局。全日制高职在校学生 1.4 万人。成人高等教育（开放教育）开设 30 多个本、专科专业，在册学生 8000 余人。学院常年面向社会开展各类技能培训项目 30 多个，年培训近万人次。学院有职业技能鉴定机构，可进行 30 多个工种的职业资格和技能等级考核鉴定，年鉴定 1 万余人次。学院是省教育厅批准的省级成人教育、社区教育培训基地，是中小学教师"国培计划"项目培训机构，是省人社厅批准的专业技术人员继续教育基地，每年开展各类专业技术人员继续教育近万人次。经安康市政府批准，在学院设安康市职业教育中心，学院牵头组建安康职业教育集团，是安康职业教育集团理事长单位，在整合技能培训、深化全市职业教育院校合作、校企合作等方面发挥着独特而重要的作用。

"十三五"时期，是我院加快追赶超越，争创一流的重要战略机遇期。学院认真贯彻市委、市政府《关于支持安康职业技术学院追赶超越加快发展的意见》，牢固树立"学生第一、教师优先"的办学理念，紧紧围绕"练一技之长、修一身厚德"的培养目标，以一流为目标，以学科为基础，以绩效为杠杆，以改革为动力，苦干实干，加快推进附属小学、安康市综合培训中心，强化内涵建设，提升教育质量，打造职教品牌，奋力实现"一年调整完善、三年争先创优、五年达到省级优秀高职院校"的奋斗目标，为建设西北生态经济强市做出新的贡献。

### 15. 许昌职业技术学院

许昌职业技术学院是经河南省人民政府批准，国家教育部备案的一所公办全日制普通高等专科学校，从事高等职业教育和师范专科教育。学校成立于 2001 年，2008 年 2 月被确定为河南省示范性高等职业院校建设单位，2015 年 12 月被省教育厅、人力资源和社会保障厅、财政厅、发改委确定为河南省职业教育品牌示范院校，2016 年 5 月被教育部列入 27 所"诊改"工作试点院校（河南省仅有三所）之一，2017 年 6 月被河南省教育厅确定为国家级优质高等职业院校建设单位，2018 年 8 月被教育部确定为现代学徒制试点高职院校，学校是河南省 2019 年高职单独招生单位。经过近二十年的发展，已稳居河南省高职院校第一方阵，进入全国高职院校先进行列。

学校坐落在汉魏故都许昌，许昌地理位置优越，经济发展迅速，城市环境优美，先后获得国家文明城、国家卫生城、国家森林城、国家生态园林城、水生态文明城、国家优秀旅游城等称号，被网民推选为全省"最美城市"。学校新校区占地面积 1004 亩，建筑面积 38.9973 万平方米，各类教学设施总值约 2.38 亿元，建有 5 个中央财政支持的实训基地，8 个河南省财政支持的实训基地。图书馆现有纸藏书 119.8 万册，数字图书 61 万册，报刊 1865 种，电子资源数据库 5 个，中外文电子期刊 6500 种，阅览室座位 2600 个。学校环境优美，建有明月湖、灯光操场、牡丹园、枇杷园等景观项目，形成了花园式的校园，校园式的花园。

学校现有教职工 1049 人，专任教师 970 人，其中具有研究生学历或硕士学位、博士学位的教师 409 人，教授、副教授及高级专业技术职务人员 254 人，"双师素质"教师 509 人。拥有省级以上学术技术带头人、教学名师、职业教育教学专家 44 人。NET 技术开发教学团队、机电一体化专业教学团队、文秘专业教学团队、旅游英语专业教学团队和财务管理专业教学团队为省级高等学校优秀教学团队。

目前，学校各类全日制在校生 21870 人，函授生 2727 人。围绕区域经济发展，学校开设了信息工程学院、机电与汽车工程学院、人文学院、艺术设计学院、财经学院、外国语学院、建筑工程学院、园林与食品工程学院、医疗卫生学院、航空工程学院、互联网学院、继续教育学院 12 个二级分院和 1 个五年制部，设置有建筑工程技术、机电一体化技术、汽车检测与维修技术、食品加工技术、计算机应用技术、电子商务、会计、财务管理、护理、康复治疗技术、空中乘务、航空服务、装潢艺术设计、学前教育等 72 个专业，其中，省教育教学改革试点专业 5 个，省级特色专业 5 个，省示范校重点建设专业 9 个。建成国家级精品在线课程 3 门，国家级备选库立项 1 个，省级精品在线课程 7 门，教育部教指委精品课程 5 门，建成有 8 个大师工作室，初步实现国家级、省级、校级三级联动。

学校秉承"厚德笃行"的校训，紧紧围绕建设国内一流特色高职院校的办学目标，大力推进内涵建设，全面贯彻立德树人，以服务区域经济社会发展为宗旨，以促进学生成才就业为导向，不断深化产教融合、校企合作，政校行企协同育人。与许昌国家经济技术开发区、许昌示范区 300 多家企业建立了战略合作合作关系，牵头成立许昌市中高职职业教育联盟、全国人工智能职业教育产教融合联盟、全国软件测试产教协同育人联盟、中原电梯专业职业教育联盟，组建了许昌医药卫生高等职业教育集团、许昌现代园林园艺职业教育集团。不断完善产教融合、协同创新机制，建立"1+X"课程体系，搭建"1+2+X"创新创业实践平台，"三位一体"的创新创业教育生态初步形成。学校鼓励学生参加各类技能大赛，2016-2018 年在全国和河南省职业技能大赛中共获奖 118 项，其中国家级一等奖 3 项、国家级二等奖 6 项、国家级三等奖 13 项、省级一等奖 24 项、省级二等奖 6 项、省三等奖 41 项，2017 年和 2018 年两次荣获全国职业院校技能大赛突出贡献奖，连续七年被省教育厅授予"全国职业院校技能大赛高职组河南选拔赛优秀组织奖"。组织学生参加第三、四届全国"互联网+"大学生创新创业大赛，荣获得 2 枚铜牌；组织学生参加了第三、四届河南省"互联网+"大学生创新创业大赛，荣获得金牌 3 枚、银牌 2 枚、铜牌 5 枚。在校学生在科技发明上成绩斐然：在第十届佛山国际发明展览会上获得铜奖 1 项；组织学生参加了第 9-13 届全国高等职业院校"发明杯"大学生创新创业大赛，共获得一等奖 34 项、二等奖 36 项，三等奖 49 项，质量和数量都位居全省前列；2016 年被全国发明家协会评为"全国高职高专院校创新发明教育基地"，2017 年荣获"发明杯大赛优秀组织奖"和"双创先进工作单位"荣誉称号，被中科院授予"中科院科技创新发展研究院创新教育实训基地"。

学校的人才培养工作得到了学生、社会和用人单位的认可，先后获得全省普通大中专毕业生就业工作先进集体、河南省高校德育评估优秀单位、河南省学校行风建设先进单位、河南省职业教育攻坚工作先进单位、许昌市职业教育攻坚工作先进单位、许昌市全民技能提升工程先进单位、许昌市市长教育质量奖高等院校院系教育成果奖获奖单位、中国图书馆学会全民阅读先进单位。

学校始终坚持以服务社会为己任，积极应对许昌产业结构转型升级，持续多年开展走访许昌百家重点企业活动，服务企业发展，开展了面向全市退役士兵、进城务工农民、下岗失业人员等的各类培训，为行业企业累计培训 2 万余人次，培训中小学校长、骨干教师千余人，开展各种技能鉴定 8000 余人次，培训村干部 1000 余人。

### 16. 南阳职业学院

学院秉持"工学结合、校企合作"的人才培养理念，注重学生的创新能力培养和技能强化训练。学院根据各专业培养目标，主要建有千兆校园计算机宽带网、多媒体转播网络、有线电视网等教学服务设施；建有贸易模拟公司、会计模拟与电算化实验室、三维导游模拟实训室、计算机网络中心、多媒体语音教室；建有数控加工中心、电工电子线路、计算机程序控制、汽车检测与维修等各类专业实验室和实训中心。

学院坚持科学发展观，全面提升整体育人能力；坚持以就业为导向，以服务为宗旨，面向区域经济社会发展的需要，培养德才兼备适应现代企业生产管理的应用型专业技能人才。

一、学院现状

（一）概况

南阳职业学院是 2011 年 4 月经河南省人民政府批准，国家教育部备案的一所民办普通高等职业学院。规划总占地面积 1265 亩，总建筑面积 62 万平方米，总投资（5.6 亿+11.12 亿）16.72 亿元。建成后可容纳 1.5 万名学生。其中：一期工程占地 538 亩，建筑面积 14 万平方米，已投资 6.2 亿元。二期工程规划占地 727 亩，总建筑面积 48 万平方米。2018 年 9 月，23 栋大楼，20 万平方米已同时开工。

（二）院系及专业设置

目前设立了 12 个教学系院，开设有中药制药、高尔夫球场服务与管理、幼儿发展与健康管理、软件技术、建筑工程技术、艺术设计、电梯工程技术、工业机器人、新能源汽车技术、学前教育等 29 个专业及方向。其中电梯工程技术专业、中药制药专业被河南省教育厅评为河南省民办高校品牌专业。

（三）师资及学生概况

学院现有专兼职教师 397 人，其中专任教师 280 人，具有中级以上职称占比 19%;具有硕士及以上学位占比 24%;专业课专任教师中"双师素质"教师占教师队伍的 16%，另有社会兼职教师 196 人。学院现有全日制在校生 7300 余人。

二、区域优势

中国·南阳，在 2013 年 3 月被中央电视台财经频道《CCTV 经济生活大调查》栏目评为幸福感居全国地级城市榜首的城市，宜居宜业，为学生提供了舒适的学习工作环境。

南阳·西峡，一个因发掘大量恐龙蛋化石群，被誉为"二十世纪世界第九大奇迹"而闻名中外的"恐龙之乡"，如今正成为八百里伏牛山脚下一颗璀璨的明珠。

南阳·西峡，拥有三大支柱产业集群：一、中国最大的中医药浓缩丸生产集群；二、炼钢及炼钢辅助材料产业群，产品在全国市场占有率达到80%以上；三、汽车配件铸造产业群，其中汽车水泵生产和销量稳居全国第一。雄厚的产业基础，为广大学子实习、就业提供了丰富的企业资源。

南阳·西峡，是河南省最大的天然中药材库，又是猕猴桃之乡、山茱萸之乡、香菇之乡。

南阳·西峡，是我国著名的旅游风景区，附近有中原第一漂景区、老界岭景区、龙潭沟景区、五道幢景区、宝天曼景区、恐龙遗迹园景区、卧龙岗武侯祠景区等。

三、校园特色

在这里，创业思维主导学习给你勇气，创业教育开省内高等教育创业先河，面向学生全面开展普惠式创业教育；

在这里，以实景式教学为基础，学院按照 AAA 级景区建设标准，力争打造成河南最美的高职院校。利用得天独厚的地理位置，建立了南阳职业学院大学生写生基地，成为全省率先拥有自己写生基地的高职院校。把艺术设计专业和旅游管理专业的课堂开设到旅游景区和写生基地中，让学生身临其境，体验感悟，增长知识；

在这里，在河南率先开办了高尔夫球场管理方向、配饰艺术设计方向、冶金辅料方向、电梯检测与维护方向、光电技术方向等专业，为高等职业教育专业方向的发展拓宽了途径；

在这里，实践性教学模式让你学会学习；

在这里，浓郁的大学氛围让你学会聆听；

在这里，开创创新的学术氛围，不同文化碰撞交流。

来吧，相约南阳职业学院，共享奋斗的乐趣和成功的未来。在这快乐的大家庭里，你能拥有展示才华的舞台，找到高薪就业、成功创业的起点和平台；

来吧，相约南阳职业学院，让我们一起，亮出自己非凡的才气，乘着知识的翅膀，让梦想在现实中飞翔。

四、奖助学金资助制度

选择南阳职业学院，丰厚的奖学金等你来拿，学院开辟新生入学"绿色通道"，实行"奖、助、补、缓"为主体的学生资助制度。学院先后设立"科创奖学金"、"汇森奖学金"等企业的奖学基金，专项奖励品学兼优的学生，使学生可以无后顾之忧的积极学习，并以学习成果证明自己的潜质。

（一）奖学金制度：（1）国家奖学金每年 8000 元/生。（2）国家励志奖学金每年 5000 元/生。（3）优秀学生奖：一等奖学金每年 1200 元/生，二等奖学金每年 1000 元/生，三等奖学金每年 800 元/生。

（二）助学金制度：国家助学金，平均每年 3000 元/生。

（三）国家助学贷款：每年最高 6000 元/生。

（四）勤工助学制度：学院大力提倡并帮助经济困难学生开多种形式的勤工助学活动，在学生中专门成立了勤工助学服务中心，在校内设立勤工助学岗位，并积极寻求社会上的勤工助学岗位。

（五）学费减免：南水北调库区移民子女入学，学费一律减免 50%；农村贫困家庭子女入学，经审核、批准，可实行全额学费资助。

## 17. 泽达职业技术学院

泽达职业技术学院是一所经江苏省人民政府批准、教育部备案、独立设置专科层次的全日制民办普通高等院校，学院地处江苏省宿迁市湖滨新城高教园区，位于风景秀美的骆马湖畔、北依国家级嶂山森林公园、西临骆马湖湿地公园，这里绿树成荫、空气清新、生态优美、气候宜人，是莘莘学子潜心求学成才的理想之地。

学院由浙江泽达教育集团投资兴建，该集团前身为浙江大学计算机信息工程公司。学院占地面积为 476 亩，现有校舍建筑面积 13 万余平方米，教学用计算机为 600 余台，多媒体教室、阅览室、语音室，座位数,1700 余个，图书馆藏书 13 万余册。学院建立了各类实验、实训室 40 余个，学院现为"江苏省服务外包人才培训基地"、"宿迁市台资企业人才培养基地"、"宿迁市文化产业人才培训基地"、"中国书法家协会江苏省书法考级点"。近年来，学院先后获得全国美育工作先进单位、美育成果一等奖、全国机械行业职业技能鉴定先进单位、江苏省民办教育先进单位、宿迁市诚信民办学校、宿迁市文明单位、宿迁市青年文明号等荣誉。

学院汇集来自国内知名高校、大型企业的专家、教授、工程师和管理精英，组成精干高效的学科带头人和管理团队。学院取名"泽达"是隐喻"浙大"的谐音，其用意一是学习和秉承浙江大学严谨求是的办学精神，二是坚持"泽被万物、达仁天下"的办学理念—"世间万物恩泽予我，我将仁爱送达天下"。学院正努力探索一条适合中国国情、教育与产业完美结合的全新教育模式、4 月 19 日，宿迁泽达职业技术学院天坤学院正式成立，标志着天坤国际教育集团第一所高等院校二级学院诞生，正式形成从中职到高职、本科的一贯制教育。

### 18. 京山广播电视大学

湖北广播电视大学是根据邓小平同志关于大力发展广播电视教育的指示精神，于 1979 年元月经省人民政府批准创办的一所新型的综合性的开放大学，行政上由省教育厅管理，教学业务上接受中央广播电视大学的指导。伴随着中国改革开放和高等教育改革发展的进程，湖北广播电视大学已建设成为一个完善的现代远程教育网络。现有 24 所市（州）广播电视大学和直属分校，68 所县级电大分校。

荆门市广播电视大学京山分校,于 1987 年 03 月 01 日在荆门挂牌成立，学校迄今已经成立 31 年，培养了大量优秀人才，学校主要经营通过广播电视为社会成员提供高等教育服务，学校本着制度与人文相结合的管理思想，凭借美丽的校园环境，舒适的住宿条件和优秀的师资力量已成为每年荆门评价很好的学校之一。2015 年 7 月京山县任命政府与天坤国际教育集团签署战略合作协议，正式创建天坤京山广播电视大学。

### 19. 天坤纬创学院

"天坤成都纬创学院是世界 500 强企业—纬创资通集团与天坤国际教育集团和四川宜宾学院联合开办的，采取校企深度合作的方式，运用各方强大的师资优势、技术优势、管理优势、生产优势、高品位岗位安置实力，采用全新的培养模式，专门为世界 500 强企业定向培养中、高级技术人员和管理人才，属国内首创的高端人才培养机构。"

凡是天坤成都纬创学院的毕业生，均由公办二本院校—宜宾学院颁发成人大专文凭；国家承认学历，并在教育部学籍管理网页上公布；凡持有该文凭者，一旦被用人单位录用，在提干、涨薪资、分住房、购买五险一金等方面均享受大学专科毕业生待遇。如果学习能力强的学员，还可以同时套读宜宾学院的本科。根据近些年的经验，报考成人大专的总分是 450 分，分数录取线一般在 130 分左右及以上。只要你在成人高考复习中认真学习，一般都可以上线。在纬创天坤学院读书，经过三年的德、才、技三修以后，经考试达到毕业要求，直接在纬创集团下辖的各分公司从事助理工程师职位或中、高级管理干部职位。以后可以直接晋升工程师、高级工程师或副课长、课长、副经理、经理、副总经理、总经理等职位。

凡是在天坤成都纬创学院毕业的学员，原则上安置在成都纬创资通（成都）有限公司工作，也可以到纬创集团在中国大陆各地分公司工作。表现优秀者，可以派遣到纬创集团分布在全世界的分公司工作。如：中国台湾、澳大利亚、新加坡、菲律宾等国家和地区的分公司工作。也可以由天坤教育集团安置在全国其他行业工作。

天坤成都纬创学院读书毕业后，凡被纬创资通（成都）有限公司录用者，月收入工资 3500 元（全勤）/月以上，最高可达上万元/月。同时，可以享受免费住宿、工作餐、年终奖、五险一金等福利。同学们在工厂实训时间，全部计入本人的工龄，毕业参加工作后在调资、年终奖、分房、提干、晋级、评优选模等方面均占优势。

### 20.苏州和硕天坤学院

苏州和硕天坤学院是由台湾和联集团下辖的名硕电脑（苏州）有限公司和温州天坤投资股份有限公司联合兴办的一所融中等职业技术学历教育，成人高等学历教育，企业职工教育，中、高等职业技能培训于一体的，专门为电子、计算机、机电一体化行业培养技术员、技师，学校是实行工学交替，校企合一的公益性学校。校园坐落在和联集团名硕电脑（苏州）有限公司内（江苏省苏州市新区金枫路 233 号）。

学校努力践行陶行知先生的"教人求真，学做真人"的办学思想，坚持"德育为先，能力为重，需求为本"的办学理念。以"准军事化管理"、"校企合一"、"工学交替"，校园文化与企业文化零距离接轨为办学特色；以让学生"长才干，强技能，促发展"为办学目标；学院实行的"零学费"运作模式，着力让贫困家庭的学生与同龄孩子一样共享职业教育的蓝天。

### 21．绵阳飞行职业学院

天坤国际及爱与集团与泛美教育共建绵阳飞行职业学院"退役军人教育学院"。为响应国家高职扩招的政策，加强技术技能人才的培养，天坤国际教育集团与泛美教育携手在泛美教育旗下绵阳飞行职业学院共建"退役军人教育学院"，充分整合双方在人才培养、优质专业、教育教学、学生管理、实训实习、高端就业等领域的优势，强强联合打造退役军人学历教育典范。据悉，双方将在高校开设民航安全技术管理专业、民航运输专业、航空物流专业、高速铁路运输客运乘务专业、无人机应用技术专业、虚拟现实技术专业、电子商务专业、移动互联应用技术等 8 个专业。此次中国航空人才教育引领者的泛美教育集团和中国职业教育全产业链领导者天坤教育集团的强强联合、创新合作，将为中国高职扩招和退役军人教育开创产教融合新模式，进一步助推职业教育发展和技能人才培养。

高职扩招是落实《国家职业教育改革实施方案》，适应产业升级和经济结构调整对技术技能人才越来越紧迫的需求，把发展高等职业教育作为

缓解当前就业压力、解决高技能人才短缺的战略之举。在 2019 年高职扩招
100 万人基础上，国务院决定今明两年高职扩招 200 万人。退役军人作为高
职扩招四类人员中的重点人群更是受到国家高度重视。2018 年退役军人事
务部等多部门出台的《关于促进新时代退役军人就业创业工作的意见》，
鼓励退役一年以上退役军人参加高考，并享受学费和奖助学金等政府补助。
在 2019 年高职扩招中，一大批士兵退役后，再次走进院校深造。

四川泛美教育投资集团（泛美教育）致力于培养航空人才，打造了民
航职业教育全链条教育品牌集群，并在全国率先开创了"校中有企、企中
有校、校企同质、融合发展"的全新合作模式。目前，泛美教育集团拥有
的教育资产 100 亿元，下属四川西南航空职业学院、绵阳飞行职业学院、
青岛航空科技职业学院等 10 所航空院校，在校学生超过 60000 人，毕业生
就业于国际国内航空公司和民航机场，涵盖飞行、乘务、空保、空管、机
务维修、安检、贵宾服务、值机等各类民航岗位，在专业民航院校中名列
前茅。

## 22. 南充电影工业职业学院

天坤国际教育集团与南充电影工业职业学院共建退役军人教育学院签
约。南充电影工业职业学院作为中国第一所民办电影技术类高等学校，在
戏剧影视表演、摄影摄像技术、动漫制作技术、录音技术与艺术、影视制
片管理、影视美术六大专业人才培养上有着深厚的实力和底蕴。同时，结
合天坤国际教育集团人才全产业链和教育全产业链的优势资源，双方将共
同建立有深度、全方位的影视职业教育产教融合战略合作，共同打造高职
院校产教融合试点典范，共创影视工业，新媒体，5G 媒体技能人才培养新
高地。此次与南充电影工业职业学院签约共建退役军人教育学院，是继天
坤国际教育集团与四川西南航空职业学院、绵阳飞行职业学院、青岛航空
科技职业学院、云南新兴职业学院等四所高职院校达成共建"退役军人教
育学院"后，一个月内第五所共建项目的签约，这充分说明天坤教育退役
军人教育学院项目教育产品的成熟性和先进性，也再次书写出职业教育产

教融合的天坤速度。

天坤国际教育集团将整合人才全产业链和教育全产业链的优势资源，在近期内还将陆续与全国多所高职院院校签约共建"退役军人教育学院"。通过强强联合、优势互补、相互赋能，天坤教育旗下的"退役军人教育学院"将为中国退役军人学历教育提供产教融合新模式，打造具有示范效应的退役军人职业教育品牌，让每一个退役军人都能通过教育拥有"好技能、好工作、好未来"。

为落实《国家职业教育改革实施方案》，积极鼓励退役军人参与高职扩招是推动完成今明两年高职扩招 200 万人目标，促进新时代退役军人就业创业的重大举措。作为国内较早开展退役军人学历教育的天坤国际教育集团开发并拥有自主知识产权的"退役军人教育学院"项目，并在 2019 高职扩招中成功运营，在招生、管理、教学和服务等方面受到合作院校和地方退役军人管理部门的高度赞赏。随着 2020、2021 高职扩招目标和要求的落地，天坤国际教育集团与国内多所高职院校实施筹备"共建退役军人教育学院"，致力于打造"集团化办学、品牌化服务、品质化教育"的退役军人学历教育和职业教育产教融合新典范。

南充电影工业职业学院由北京国映盛世文化传媒有限公司举办，教育厅主管，办学投入由北京国映盛世文化传媒有限公司负责，是中国第一所民办电影技术类高等学校。南充电影工业职业学院为专科层次民办非营利性全日制普通高等学校，以实施专科层次的高等职业教育为主。学校办学规模可达 8000 人，专业设置按有关规定报批，初期设置戏剧影视表演、摄影摄像技术、动漫制作技术、录音技术与艺术、影视制片管理、影视美术六大专业。学院一期规划建筑面积 39 万余平方米，设计现代，理念超前，两轴、三中心、四片区的布局使南充电影工业职业学院成为一个具有电影风格的主题景观。影史之路、光之舞台、大剧场、电影大厦、中心图书馆，各个"情节点"纵横交错。

### 23. 信阳航空职业学院

天坤国际教育集团与信阳航空职业学院签署"共建退役军人教育学院合作协议"。与信阳航空职业学院的签约，是天坤国际教育集团在 9 月内签约的第六所高职院校，也是签约的第一个河南省高职院校。本次双方携手共建退役军人教育学院，将充分整合双方在人才培养、优质专业、教育教学、学生管理、实训实习、高端就业等领域的优势，强强联合打造中原地区退役军人学历教育的典范。

高职扩招不仅是"六保"、"六稳"工作的重要内容，也是落实《国家职业教育改革实施方案》的重要内容。在 2019 年高职扩招 100 万人基础上，国务院决定今明两年高职扩招 200 万人，其中，作为高职扩招四类人员中的重点人群——退役军人，更是重中之重。在 2019 年成功创新摸索基础上，2020 年天坤国际教育集团推出"退役军人教育学院"项目，携手全国高职院校共同为退役军人提供专业化学历教育，截至目前已组建天坤退役军人教育学院五所，是中国最大的退役军人职业教育连锁品牌。

继在四川、山东、河南签约多所高职院校后，天坤国际教育集团还将陆续在河南、湖南、江西、湖北等省与高职院校携手共建退役军人教育学院，通过"集团化办学、品牌化服务、品质化教育"为退役军人学历教育和职业教育产教融合注入更多新内涵。

信阳航空职业学院是经河南省人民政府批准、国家教育部备案，具备统招资格的全日制普通高等职业院校，也是河南省内唯一一所航空类高等职业院校。学院总规划面积 1156 亩，总建筑面积 40 万平方米。学院师资力量雄厚，现有中国科学院院士 2 人，专任教师 176 人，其中，具有副高级以上职称 58 人，研究生学历教师 41 人，"双师型"教师 50 人。学院设备齐全，实习实训资源丰富，实习实训场所建筑面积已建成 10 万平方米，建有与专业教学相匹配的飞机机电设备实训室、航空服务实训中心、机械加工实训操作车间、机电工程实训车间、机器人实训车间、文化创意实训中心等 45 个实习实训场所；拥有模拟航站楼、波音 737—800 教学飞机、候机实训楼、安检与 VIP 服务等实训区域。

# 参考文献

1. （苏）B.A.苏霍姆林斯基著：《给教师的建议》，教育科学出版社，1984 年。

2. 斯宾塞著，胡毅，王承绪译：《斯宾塞教育论》，人民教育出版社，2005 年。

3. （苏）巴班斯基著：《教育过程最优化——一般教学论方面》，人民教育出版社，2007 年。

4. 叶澜：《回归突破："生命·实践"教育学论纲》，华东师范大学出版社，2015 年。

5. （英）洛克著：《教育漫话》，人民教育出版社，2007 年。

6. 赫尔巴特著，李其龙译：《普通教育学》，人民教育出版社，2015 年。

7. （日）佐藤学著：钟启泉译《学习的快乐（走向对话）》，教育学科出版社，2004 年。

8. 方明编：《陶行知名篇精选》，教学科学出版社，2006 年。

9. 杜威，赵祥磷译：《学校与社会·明日之学校》，人民教育出版社，2005 年。

10. （日）佐藤学著，钟启泉译：《教师的挑战：宁静的课堂革命》，华东师范大学出版社，2012 年。

11. 陶行知著：《中国教育改造》，商务印书馆，2014 年。